I0762452

clave

Osho desafía cualquier intento de clasificación. Sus innumerables charlas cubren todos los temas: desde la búsqueda individual del sentido de la vida, hasta los problemas sociales y políticos más apremiantes a los que se enfrenta la sociedad actual. Los libros de Osho son transcripciones de sus charlas impartidas ante audiencias internacionales, y recogidas en su totalidad en grabaciones de audio y video.

Tal como él mismo declara: "Recuerda, lo que estoy diciendo no sólo es para ti…, también estoy hablando para las futuras generaciones". El diario *The Sunday Times* de Londres lo ha definido como uno de los "1 000 creadores del siglo XX", y el *Sunday Mid-Day* de la India, como una de las diez personalidades —junto con Gandhi, Nehru y Buda— que han influido en el destino de ese país.

OSHO

Lo primero de la mañana

365 momentos inspiradores
para comenzar el día
conscientemente

DEBOLS!LLO

Papel certificado por el Forest Stewardship Council®

Lo primero de la mañana
365 momentos inspiradores para comenzar el día conscientemente

Título original*: First in the morning: 365 uplifting moments to start the day consciously*

Primera edición en Debolsillo: enero, 2026

Este libro está basado en extractos seleccionados de diversas charlas dadas por Osho ante una audiencia en vivo. Las obras de Osho están ampliamente disponibles en forma de libros, libros electrónicos, audiolibros, videos, aplicaciones y traducciones. El archivo completo de textos puede encontrarse en la Biblioteca OSHO en línea en www.osho.com

D. R. © 2026, derechos de edición mundiales en lengua castellana:
Penguin Random House Grupo Editorial, S. A. de C. V.
Blvd. Miguel de Cervantes Saavedra núm. 301, 1er piso,
colonia Granada, alcaldía Miguel Hidalgo, C. P. 11520,
Ciudad de México

penguinlibros.com

D. R. © 2017, Hugo López Araiza Bravo, por la traducción
Diseño de portada: Penguin Random House / Laura Velasco Borrero
Ilustraciones de portada: © iStock

ISBN: 978-607-386-803-7
Impreso en México – *Printed in Mexico*

Índice

UNA NOTA SOBRE EL LENGUAJE

Palabras habladas: Los libros de Osho no están «escritos», sino que son transcripciones de grabaciones de sus charlas. Estas charlas son improvisadas, sin otras notas que no sean copias de las preguntas, las historias o escrituras sobre las que se le ha pedido que comente, o chistes que pueda utilizar para hacer hincapié en un tema en concreto. Él ha pedido a sus editores que sus libros impresos conserven el carácter de la palabra hablada.

Los pronombres: Al oírle hablar, está bastante claro para el oyente que generalmente cuando Osho habla del «hombre» se refiere a los «seres humanos». El uso por defecto del pronombre «él» simplemente sirve para facilitar el desarrollo del discurso - de ninguna manera implica que «ella» (o «ellos») estén siendo descartados o no tomados en consideración.

Es bueno tener en cuenta el singular punto de vista de Osho al dirigirse a sus oyentes en sus obras:

Un meditador no es ni hombre ni mujer,
porque la meditación no tiene nada que ver con el cuerpo.
Tampoco tiene nada que ver con la mente.
En la meditación eres simple y pura conciencia.
Y la conciencia no es masculina ni femenina.

Prefacio

Las palabras de las páginas siguientes fueron extraídas de reuniones íntimas en las que Osho, místico contemporáneo, habla con gente de todas las condiciones. Fue sugerencia de Osho que se compilaran en este volumen y su complemento, *Lo último de la noche*. Estos libros se han planeado de tal forma que cada día tiene un tema particular, y los pasajes de la mañana y de la noche se complementan. Así que *Lo primero de la mañana* puede leerse solo o en conjunto con el libro nocturno. El mejor momento para leer el pasaje matutino es hacerlo al despertar, antes de que la mente se involucre en las actividades cotidianas. El libro contiene 365 pasajes que han sido diseñados para leerse cronológicamente, y no al azar.

En el libro, Osho muchas veces habla de «sannyas» o «sannyasins». Cuando Osho usa el término sannyas simplemente significa tomar la decisión de introducir la consciencia personal a tu vida, un compromiso de tomarte el tiempo para la exploración y celebración de las preocupaciones comunes diarias, tanto internas como externas:

> Sannyas no es nada más que el cambio, el giro, el giro radical que va de verse a sí mismo desde el exterior a verse a sí mismo desde el interior. Estás sentado dentro observando, sin depender de las opiniones ni de las escrituras ajenas; sólo te

observas desde lo más profundo de ti y te preguntas: «¿Quién soy?», sin depender de la respuesta de nadie más. Cada quien tiene que encontrar su propia respuesta; sólo eso puede resultar gratificante.

Leer los pasajes de este libro es, en sí mismo, una forma de contemplación, puesto que, como dice Osho, las palabras de un místico no son parte de ninguna teoría que pueda ser aceptada o refutada; no se le pide al lector que sea ni un seguidor ni un creyente. De hecho, ni siquiera las propias palabras son importantes, sino lo que ellas transmiten.

Las palabras [del místico] llevan un silencio en torno a ellas, sus palabras no son ruidosas. Sus palabras tienen una melodía, un ritmo, una música, y en el mero centro de sus palabras, hay silencio absoluto. Si puedes penetrar sus palabras, accederás al silencio infinito.

Pero la forma de penetrar las palabras de un buda no es mediante el análisis ni la discusión ni la argumentación. La forma es entrar en relación con él, entrar en armonía con él, estar en sincronía con él… En esa armonía, en ese ser uno solo, uno entra en el mero centro de las palabras del maestro. Y ahí no encontrarás sonido alguno, ruido alguno; ahí encontrarás silencio absoluto. Y degustarlo es entender al maestro.

Recuerda, el significado de la palabra no es lo importante, sino su silencio.

Osho

DÍA **1** El ser humano no está hecho para arrastrarse y reptar sobre la tierra. Tiene la capacidad de volar hasta la cúspide.

DÍA **2** Cada era necesita una nueva forma de espiritualidad porque cada época es distinta a las demás; por lo tanto, los mensajeros siguen llegando. Un mensajero no es más que un hombre que le traduce la verdad eterna al hombre contemporáneo.

DÍA **3** El hombre moderno es el primer hombre en la historia que no concibe lo sagrado, que vive una vida sumamente mundana. Le interesan el dinero, el poder, el prestigio, y cree que eso es todo lo que hay. Es una noción muy estúpida.

Su vida está rodeada de cosas pequeñas, muy pequeñas. No concibe nada mayor a sí mismo. Ha negado a Dios; ha dicho que Dios ha muerto. Ha negado la vida después de la muerte; ha negado la vida interior. Sólo cree en negar el centro. Sólo cree en lo superficial; cree en la circunferencia, pero sigue negando el centro, por eso vemos tal aburrimiento alrededor.

Es natural, porque sin algo mayor que tú con lo cual identificarte, tu vida va a ser tediosa, aburrida. La vida se vuelve una danza sólo cuando es una aventura. Y se puede convertir en una aventura sólo cuando hay algo mayor que lograr, que alcanzar.

Lo sagrado significa simplemente que nosotros no somos el fin, que sólo somos un conducto; que no todo ha sucedido aún, que todavía van a suceder muchas cosas. La semilla aún tiene que germinar, y el retoño tiene que volverse árbol. Ese árbol tiene que esperar a que llegue la primavera para explotar en miles de flores, y liberar así su alma al cosmos. Sólo entonces habrá satisfacción. Y lo sagrado no está lejos; sólo tenemos que empezar a preguntarnos por ello. Al principio, por supuesto, estaremos a tientas en la oscuridad, pero pronto las cosas empiezan a entrar en sintonía. Pronto empezamos a vislumbrar el más allá, una música inaudita empieza a llegar a nuestros oídos: remueve nuestro ser, nos da un nuevo color, un nuevo gozo, una nueva vida.

DÍA **4**

No somos extraños, ajenos. Somos parte de la existencia. Éste es nuestro hogar. No estamos aquí por accidente; estamos aquí porque somos necesarios. Estamos aquí porque la existencia quería que estuviéramos aquí. Es la voluntad de la existencia. Por lo tanto, nadie debe sentirse alienado. Ése es uno de los problemas fundamentales que enfrenta la humanidad actualmente. En todo el mundo, la gente inteligente está muy preocupada, perturbada, ansiosa, y se pregunta: «¿Por qué estamos aquí?».

Según la ciencia, parece ser accidental que estemos

aquí, y si somos accidentales, somos inútiles; entonces, no importa si estamos o no estamos. Y si no importa, entonces nuestra vida pierde todo significado: así, por todo el mundo se percibe una falta de sentido. Todo empezó hace unos cien años, cuando Nietzsche declaró que Dios había muerto. Se convirtió en el portavoz de toda la mentalidad contemporánea.

Si Dios ha muerto, entonces la vida no tiene sentido porque Dios es la única posibilidad de que haya algún sentido, algún significado. Dios no quiere decir nada más que significado. La vida tiene sentido; ése es todo el significado de Dios.

DÍA **5** No hemos perdido nada. Dios no está perdido y, por lo tanto, no tenemos que encontrarlo. Sólo lo hemos olvidado; es sólo cuestión de recordarlo. Está ahí, en lo más profundo de nuestro ser. Llámese verdad, Dios, dicha, belleza: todo eso indica el mismo fenómeno. Hay algo eterno en nuestro ser, algo inmortal, algo divino.

Lo único que tenemos que hacer es ir hacia lo profundo de nuestro ser y darnos cuenta, ver, reconocer. Por lo tanto, la travesía no es realmente una travesía. No debemos ir a ningún lado; simplemente tenemos que sentarnos en silencio y ser.

DÍA **6** En el momento en que estás vacío de ti mismo, estás lleno de Dios. Recuerda, no pueden existir ambos al mismo tiempo. Recuerda una y otra vez: no pueden existir ambos al mismo tiempo. O existes tú o existe Dios. Y los tontos son los que se escogen a sí mismos. Escoge a Dios: desaparece como ego. Olvídate de ti mismo como entidad distinta de la existencia, y en esa precisa desaparición, renacerás.

Es un estado bastante paradójico: en el momento en que te vacías de ti mismo, quedas lleno, lleno por primera vez, desbordante, inagotablemente lleno.

El ego es sólo una sombra, no tiene sustancia. Es un sueño, no una realidad. Deshazte de la sombra para que puedas alcanzar la sustancia. Deshazte de lo falso para que puedas alcanzar lo real. Todo lo que estoy enseñando aquí es cómo vaciarte de ti mismo para que puedas llenarte de Dios. Y la plenitud es gratificación.

DÍA **7** Nos han enseñado a ser enemigos de la existencia, nos han enseñado ideologías negativas para la vida, y esto ha durado tanto tiempo que se ha vuelto parte de nuestra sangre, huesos, médula. No amamos la vida, la odiamos, y las llamadas religiones le han enseñado a la gente que la vida es un castigo, que hemos sido castigados con el pecado original.

La vida no es un castigo, es una recompensa, es un regalo. Hay que hacerse amigo de ella por completo. En el momento en que empieces a hacerte amigo de la vida, te sorprenderá lo bella que es, lo poética que es, lo musical que es. Una vez que desaparece tu idea de negar y se asienta algo positivo dentro de ti, se abre una puerta secreta, la vida empieza a revelarte sus misterios. Esos misterios sólo pueden revelarse a los amigos; no pueden revelarse a nadie, no pueden hacerse públicos. Sólo cuando estás en profunda e íntima relación con la vida, ella te abre su corazón. En esa misma apertura uno llega a conocer la verdad, el amor, la dicha, la existencia.

DÍA **8** El hombre tiene que estar absolutamente vacío, sólo así se crea el espacio para que Dios descienda en él. Y es que estamos tan llenos de basura, tan llenos de porquerías: incluso aunque Dios quiera entrar, no encontrará lugar dentro. Nuestras copas están llenas. No les cabe ni una gota más. Tenemos que vaciar la copa por completo. Éste es el proceso completo de sannyas: vaciarte de ti mismo, vaciarte de todos los pensamientos, deseos, recuerdos, esperanzas, expectativas; sólo un proceso de vaciamiento.

En el momento en que estés absolutamente vacío y no veas nada dentro de ti, de pronto todo se volverá luz. De pronto, miles de flores se abrirán en tu ser. Te llenarás de fragancia y música, una música antes inaudita, una fragancia que no es de esta tierra. Y, en esa experiencia, te liberas, te liberas de la vida, de la muerte, del tiempo mismo. Te vuelves parte del flujo eterno de la existencia.

DÍA **9** A menos de que te descubras a ti mismo, seguirás siendo sólo un medio. Cuando uno se descubre a sí mismo, ha encontrado el fin.

La circunferencia de tu ser es el medio: el cuerpo, la mente, el corazón. Úsalos todos para alcanzar el centro más profundo, el mero centro: y ése es el fin. Al encontrarlo, uno encuentra todo lo que se necesita encontrar. Al conocerlo, se conoce todo. Al alcanzarlo, uno alcanza la divinidad.

DÍA **10** La vida siempre es nueva, la mente siempre es vieja. La vida nunca es vieja, la mente nunca es nueva. Por lo tanto, nunca se encuentran, no se pueden encontrar.

La mente va en reversa, la vida, hacia adelante. Por eso, los que tratan de vivir a través de la mente simplemente están haciendo algo tan estúpido que el día en que se den cuenta de lo que se han estado haciendo a sí mismos no serán capaces de creer que pudieron ser tan estúpidos, tan ridículos, tan absurdos.

La vida sólo puede conocerse mediante un estado de no-mente. Eso es la meditación: dejar la mente de lado, no tener pensamientos. Sólo estar en silencio, sin que ni una palabra se mueva en la mente, nada de tráfico, todo vacío, callado, quieto. Entonces, de pronto estás en contacto con la vida y conoces su enorme frescura, su frescura liberadora. Eso es la divinidad, eso es el nirvana. Vivir la vida en su totalidad, conocer la vida en su frescura absoluta es ser dichoso, es estar en paz.

DÍA **11** El diamante está dentro y nosotros, fuera. Es parte de nuestro ser, pero buscamos en todos lados menos ahí: de ahí la miseria, de ahí la frustración, de ahí la desesperanza.

Mira hacia adentro, mira dentro de ti mismo y el reino de Dios será tuyo. Nunca lo hemos perdido, ni siquiera un instante. De hecho, aunque quisiéramos perderlo, no podemos, es nuestro propio ser. Pero nos hemos convertido en mendigos por decisión propia, por estupidez propia. Hemos olvidado cómo leer la lengua de las escrituras interiores, y buscamos en los Vedas, en los Coranes, en las Biblias… Nos volveremos grandes estudiosos, pero no ricos; seguiremos siendo tan pobres como siempre. La riqueza sólo llega de una forma, y es entrando; ahí está la mina, el tesoro, el tesoro inagotable.

Entrégate, ponte en sintonía, y entonces habrá un gran gozo, infinito. La vida sólo tendrá significado entonces; antes, nunca. La vida será *vida* sólo entonces; antes, nunca.

DÍA **12** Prepara el camino para que entre la existencia; prepárate para recibir el sol, la luz. Lo único que se necesita es estar cada vez más consciente, cada vez menos en la mente y cada vez más fuera de la mente, viéndola, no involucrándose con ella. Conviértete en un observador desapegado. Ése es exactamente el significado de la palabra *éxtasis*: estar afuera.

Aprende a estar fuera de la mente y habrás aprendido todo lo que hay que aprender. Todas las religiones, de diferentes formas, en diferentes lenguas, enseñan sólo un secreto: cómo ponerse fuera de la mente. Y el día que lo logres, será el mejor día de tu vida. Ese día renacerás. Ese día ya no serás parte del mundo físico, te volverás parte de la existencia.

DÍA **13** Si podemos ver la belleza, si podemos experimentar el gozo, la danza de las estrellas y los árboles y el viento y la lluvia, no haremos preguntas tan estúpidas como: «¿Qué es Dios?» ni «¿Dónde está Dios?» ni «¿Existe Dios o no?». Sabremos que esa belleza es Dios, que ese esplendor es Dios, que esa danza, esa celebración, son Dios.

Mi intención es volverlos más sensibles ante las bellezas de la naturaleza, la vida, la existencia, porque ésa es la única forma válida de tomar consciencia de Dios. No hay otra forma. Nunca la ha habido y nunca la habrá.

DÍA **14** Lo más importante que hay que recordar en la vida es que Dios nos ama, que no nos ha abandonado, que no es indiferente ante nosotros, que continuamente se preocupa por nosotros, que le importamos.

Entre más profundo entre esta idea a tu corazón, mejor, porque cuando te empieces a sentir más y más amado por Dios, serás capaz de amar a los demás. Así es como nos volvemos capaces de amar: si somos amados, podemos amar; si no somos amados, no sabemos cómo amar, no sabemos lo que es el amor.

En el mundo actual, el amor está desapareciendo porque Dios ha desaparecido. El cielo está vacío. Antes estaba lleno de amor. Durante siglos, la gente oraba viendo al cielo. Se elevaban, sentían al amor derramarse, llover, bañarlos. Eran movidos y tocados por él, el amor los transformaba. Y entonces eran capaces de amar a otros, porque cuando tienes amor, lo puedes dar a otros. Si no lo tienes, ¿cómo podrías dárselo a otros? Y la única fuente para conseguirlo es Dios, porque él es la única fuente inagotable.

DÍA **15** El invitado siempre está listo para entrar, pero el anfitrión no está en casa. Está en alguna otra parte, soñando, deseando… Nunca está en casa, nunca aquí y ahora: o está en el pasado o en el futuro.

Sólo hay dos caminos por los cuales descarriarse: por el que ya pasó y por el que no ha venido aún. El pasado y el futuro son los dos únicos caminos para escapar del presente. Y Dios sólo conoce un momento. No está familiarizado con el pasado ni con el futuro: el presente es el único momento para él, y nosotros nunca estamos en el presente. El anfitrión sigue tocando y no encuentra a Dios porque toca la puerta del pasado, del futuro. Y Dios sigue tocando y no encuentra al anfitrión porque toca la puerta del presente y el anfitrión nunca está en el presente.

DÍA **16** Entrégate por completo a la existencia: no más luchas, no más conflicto, no más metas personales. Deja que el todo te posea, deja que el todo te guíe. Entonces, a donde te lleve, estará bien, y lo que haga de ti, estará bien.

El hombre por sí solo no puede hacer el bien, sólo puede hacer el mal. El bien sólo sucede cuando el hombre le permite a la existencia funcionar a través de él.

Entonces, permítele a la existencia funcionar a través de ti. Confía. Si todo este universo marcha de forma tan hermosa, ¿por qué no puede cuidarte? ¿Por qué estarías ansioso o preocupado por ti mismo? Ningún rosal se preocupa, ningún ave, ningún animal, ninguna estrella. Es la estúpida mente humana la que crea tantas preocupaciones, y la simple razón es que cree estar separada. Naturalmente, si estás separado, toda la preocupación te pertenece: Si no estás separado, entonces el todo se encargará.

DÍA **17** Cuando uno se deja ir profundamente con el todo, la consecuencia es la dicha. Es un resultado; es una recompensa, una recompensa inevitable. La persona que se entrega tiene una dicha enorme en torno suyo, dentro y fuera. No conoce nada más, ningún otro sabor, sólo el sabor de la dicha.

El sannyas tiene que volverse el inicio de la entrega. Al principio, por supuesto que uno se entrega dudando, calculadoramente, poco a poco. Uno observa lo que pasa: ¿qué pasa si te entregas tanto? Pero mientras te entregas, empiezas a abrir ventanas hacia el cielo estrellado, entonces, tarde o temprano serás capaz de entregarlo todo. En el momento en que se entrega todo, se logra todo. Es paradójico; cuando le das todo a la existencia, ganas todo lo que siempre quisiste ganar. Pero esta victoria no se obtiene luchando, se obtiene amando, confiando.

DÍA **18** Busca la divinidad a través de la belleza, la belleza de todo. Deja que ésa sea tu búsqueda. Alaba la belleza, regocíjate en la belleza. Y cuando alabes y te regocijes en la belleza, empezarás a volverte bello. La verdad y el bien vendrán por añadidura. Si puedes alcanzar uno de los tres, los otros dos vendrán automáticamente.

DÍA **19** Cuando tengas tiempo, en cualquier momento, relájate y entra. Olvida el mundo entero un momento, como si no existiera. Pensar que el mundo sólo está formado de ilusiones es una de las estrategias antiguas, pensar que está hecho del mismo material que los sueños. No es que *sea* ilusorio, es sólo una táctica. Piensa que es eso sólo para poder entrar: no es necesario preocuparse por el mundo. Olvídalo por completo, déjalo desaparecer y entra en tu soledad. Es ahí donde encontrarás la fuente de la dicha.

DÍA **20** A menos que seamos una bendición para la existencia, no podemos ser bendecidos. Tenemos que merecerlo, tenemos que ser dignos de ello, y la única forma de merecerlo es perderse en el amor por la existencia.

La religión no es más que una relación de amor con la existencia. No es un ritual; no tiene nada que ver con iglesias ni templos ni mezquitas ni con los Vedas, el Corán o la Biblia. Tiene un significado totalmente distinto: te casas con la existencia. Te enamoras de las estrellas y los árboles y las montañas y las nubes porque son distintos espacios de la existencia. Te enamoras de la gente y de los animales; simplemente te enamoras de todo lo que es.

Si eso es posible, suceden grandes bendiciones, un gran baño de gozo del más allá: te bañas en dicha.

DÍA **21** Humildad no significa menos ego, significa nada de ego. Y en el momento en que el ego está totalmente de lado, descartado, el amor empieza a florecer como si de pronto te hubiera llegado la primavera. Y no sólo hay una flor, sino miles de flores en tu ser. La fragancia es maravillosa.

Es por esta experiencia de la primavera y las flores y la fragancia infinita que Jesús llamó a Dios «amor». Se acercó más a la definición de Dios que nadie antes que él. «Dios es amor» simplemente significa que Dios sólo es para los que están listos para arriesgar por completo su ego. No se pierde nada al perder el ego, excepto la miseria, la oscuridad, la muerte. Todo lo que está mal en nosotros está con nosotros por culpa del ego. El ego es el único problema, y vivir sin ego es la única solución.

DÍA **22** El paraíso no está en otro lado. El paraíso no es geográfico. No está arriba de las nubes en los cielos; está dentro de ti. Y no está en otro tiempo, después de la muerte. Está en ti en este instante. Estás hecho de paraíso, por lo que no es necesario buscar en ningún otro lado. Lo único que necesitas es relajarte y estar en ti mismo; nadar profundamente hacia dentro de tu ser, tan profundo que el mundo entero desaparezca, como si no existiera en ese momento. Para que tu consciencia sea lo único que exista. Toda la existencia se vuelve no existencial y tu vida lo es todo. Su pureza… Nada la contamina. Nada se refleja en tu espejo. Tu consciencia es simplemente pura, no tiene ondas. En ese momento, uno sabe lo que es el paraíso.

No lo hemos perdido en otra parte, no nos han corrido del paraíso. Ya existe dentro de nosotros, siempre ha existido dentro de nosotros, pero nunca buscamos ahí. Seguimos buscando afuera, por lo tanto, se nos siguen escapando nuestros propios tesoros, nuestro propio reino de Dios.

DÍA **23** El hombre nace como una búsqueda. El hombre no nace como un ser completo. Un perro nace completo. Un árbol, una piedra… toda la existencia, excepto el hombre, tiene algo en común: está completa. Sólo el hombre está incompleto; por lo tanto, tiene una apertura. Todo lo demás está cerrado. Una rosa es una rosa es una rosa, pero el hombre puede ser mil y una cosas. Un hombre puede ser un Judas; un hombre puede ser un Jesús. Todas las posibilidades están abiertas; todas las alternativas están disponibles.

Así que, los que dan su vida por hecho no entienden

el punto. La vida es una búsqueda, es una indagación, una indagación de cómo ser total, cómo ser el todo. Tal es la dignidad del hombre, tal es su singularidad: puede crecer porque no está completo; puede florecer porque todavía no está entero, puede aprender, puede devenir.

DÍA **24** La existencia habla en el corazón de todos, pero nuestras cabezas están tan ocupadas que nunca oímos esa tranquila y pequeña voz interior. Hay mucho clamor, mucho ruido innecesario; hemos vuelto nuestra cabeza un mercado. El corazón sigue llamando y nosotros seguimos sordos ante él. La existencia no está lejos, está muy cerca. Todo lo que se necesita es el arte de hacer que la mente sea un poco silenciosa, un poco menos ruidosa, un poco más pacífica, relajada. Y conforme la mente entra en relajación, de pronto empiezas a oír una música divina dentro de ti. La existencia ha empezado a tocar el instrumento de tu corazón, el arpa de tu corazón, y su música es transformadora. Una vez oída, no se olvida nunca. Una vez oída, la vida nunca vuelve a ser la misma. Una vez oída, te has vuelto parte de la existencia inmortal; ya no eres mortal.

DÍA **25** No podemos ser victoriosos por nosotros mismos. Si tratamos de ser victoriosos por nosotros mismos, estamos condenados a ser derrotados, estamos perdidos. El fracaso es absolutamente seguro, inevitable. Es como una pequeña ola luchando contra el océano entero: pertenece al océano, ¿cómo puede luchar? Es como la parte luchando con el todo, la hoja luchando con el árbol al que pertenece. La hoja puede ser victoriosa sólo en la victoria del árbol, no por separado. La ola sólo puede ser victoriosa en el océano; no contra él, no sin él.

El hombre es victorioso cuando no vive según su voluntad, sino según la voluntad de la existencia.

DÍA **26** Desde este preciso instante, recuerda que no estás separado de la existencia. Y no sólo recuerdes, experimenta: sé uno con el árbol junto al que estás sentado, sé uno con el río en el que nadas, sé uno con la persona a la que tomas de la mano. Despacio, despacio, experimenta ser uno con la piedra en la que estás sentado, ser uno con la estrella distante que ves en la noche.

Despacio, despacio se aprende el truco de fundirse inmediatamente en los objetos. Entonces, el observador es lo observado, el conocedor, lo conocido. Entonces, al ver una rosa te conviertes en rosa, no hay separación. En ese momento conocerás dos cosas: el amor y la dicha; dicha para ti, amor para todos.

DÍA **27** El hombre es una semilla, pero sólo una semilla: tiene un gran potencial, pero nada es en acto. La semilla puede morir como semilla sin volverse jamás un árbol, sin florecer jamás. El hombre es una semilla de luz. Pero por lo común, el hombre no resplandece, no es luminoso, por la simple razón de que la cáscara de la semilla es dura y no tiene ventanas. El hombre permanece encerrado en sí mismo; de ahí la oscuridad en los rostros de la gente, en sus ojos. Pero si se puede romper la cáscara —y sí se puede— entonces se libera la gran luz. ¡Es una explosión! La explosión trae éxtasis. La explosión te trae lo eterno. La explosión te vuelve consciente de tu eternidad, de tu divinidad.

El único camino para romper la semilla es la meditación. Uno tiene que seguir martillando con la meditación. Uno nunca sabe cuánto se va a tardar porque cada individuo es distinto. Ningún individuo es predecible porque la gente ha vivido diferentes vidas en su pasado y ha acumulado diferentes personalidades. Algunos tienen capas muy delgadas: con un golpecito basta, con sólo la sombra del látigo basta, ni siquiera se necesita el látigo. Pero otros tienen una piel muy gruesa: a menos de que martilles mucho, no puede liberarse su luz interior, su esplendor interior. Y uno nunca sabe lo gruesa que es la capa.

Una cosa es segura —podrá tomar más o menos tiempo, eso no importa— la cáscara de la semilla puede romperse, la apertura es posible. Y ésa es la única esperanza del hombre, porque sólo a través de esa apertura te vuelves consciente de que Dios es. Entonces la vida tiene sentido, importancia, belleza, bendición.

DÍA **28** Todo es infinito porque todo es divino. Todo es ilimitado porque todo participa de la naturaleza de la existencia. Los límites los crean nuestros sentidos; no están ahí realmente. Todo está unido a todo lo demás, pero nuestros sentidos crean límites. Es como si vieras el cielo enmarcado por una ventana. El cielo no tiene marco, pero el marco de la ventana se vuelve el marco del cielo.

Tus ojos son ventanas: lo que sea que veas a través

de los ojos se enmarca. Tus oídos son ventanas: lo que sea que oigas a través de los oídos se enmarca inmediatamente. Todos tus sentidos están continuamente enmarcando cosas que no tienen marco.

Recordar esto te dará una comprensión enorme. Entonces la gota del rocío se convierte en el océano, el guijarro de la playa es tan grande como el universo, la biografía entera del universo está en una pequeña hoja. Entonces, encontrarás la existencia a donde vayas, dentro y fuera. Vivir conscientemente en esa infinidad es el mayor gozo posible. No puede concebirse más que eso, más que eso no es posible. Ésa es la cumbre máxima.

DÍA **29** Todos son Dios, todo es Dios. *Existencia* y *Dios* son dos palabras para el mismo fenómeno. Así que no pienses en Dios en términos de una persona que creó el mundo, que controla el mundo, que maneja todo el asunto. No pienses en él como el jefe supremo, no hay nadie así. Dios no es alguien, Dios es una cualidad. Es mucho mejor llamarlo divinidad. Es una fragancia.

Simplemente dice una cosa: que el mundo no sólo consiste en lo visible, también contiene lo invisible. El mundo no sólo consiste en lo conmensurable; también contiene lo inconmensurable. El mundo no sólo consiste en lo exterior; también tiene la dimensión de la interioridad. Eso es lo único que Dios significa: la dimensión de la interioridad.

DÍA **30** Todos pertenecemos a Dios. No hay otra forma. Nacemos en Dios, vivimos en Dios, morimos en Dios. Nuestra energía es la energía de Dios: Dios simplemente es el nombre de la energía total de la existencia. Pero el total no es aritmético, el total es misterioso. No es mecánico, es orgánico. Hay una gran diferencia entre ambos que se debe entender.

El total mecánico, matemático, no es nada más que la suma total de las partes. El total orgánico es algo más que la suma total de las partes. Un gran cuadro es una unidad orgánica. No es sólo la suma total del lienzo y los colores. Lo mismo pasa con la vida.

Dios simplemente significa que la existencia es más de lo que aparenta. Es más de lo que puede medirse. Es más de lo que la ciencia podrá experimentar. Y la religión es la búsqueda de ese «más», esa cualidad misteriosa, ilusoria. Por lo tanto, todos pertenecemos a Dios, pero muy pocos están conscientes de ello.

Cuando lo sepas por ti mismo, no sólo porque yo lo diga, no porque lo diga Buda, no porque lo diga Jesús, sino porque tú lo sientas, entonces estarás transformado. Toda la miseria desaparecerá. La vida se volverá luz y gozo, una dicha y una bendición.

DÍA **31** El hombre no es un ser, sino un puente. Los animales tienen ser y los budas tienen ser, pero el hombre es sólo un puente. No tiene ser; es un devenir. Va deviniendo, cambiando, yendo de un punto a otro. Es una travesía, una peregrinación.

Esto tiene que recordarse: nunca estés satisfecho a menos de que estés iluminado. Permanece en divino descontento hasta el último momento, cuando explotes en luz, cuando te vuelvas luz, cuando la luz se convierta en tu ser.

DÍA **32** Ser espontáneo significa ser responsable con el presente. La gente está dominada por el pasado. La vida sigue cambiando a cada instante y la mente sigue aferrada al pasado.

Hay una brecha entre la mente y la vida. Nada de lo que salga de la mente va a ser una respuesta real; es sólo una reacción. Y siempre se quedará corta: no puede llegar al objetivo, ya sea que lo sobrepase o que no lo alcance. El objetivo es el presente, y la flecha está dirigida por el pasado, que no sabe nada del futuro, no sabe nada del presente.

Ser espontáneo significa vivir cada instante, responder a lo que es, sin prejuicios, sin mente, sin pasado ni futuro, sin tiempo en absoluto. Entonces, de pronto se da un encuentro, un encuentro entre tú y tu existencia. Ese encuentro es dicha, ese encuentro es Dios.

DÍA **33** La sociedad le impone artificialidad a todo mundo. Lo llama cultura, civilización, educación. Le pone nombres importantes, pero la realidad es que te vuelve artificial. Te enseña a reprimir a la naturaleza.

Toda mi intención es ayudarte a ser natural otra vez, porque es sólo a través de la naturaleza que se puede llegar a la divinidad. Entre más artificial te vuelvas, más te alejarás de la divinidad. Así que recuerda: necesitarás a la civilización, la cultura, la educación, pero no te identifiques con ellas. Son juegos. Uno puede jugarlos porque tiene que vivir en una sociedad donde todos viven esos juegos, pero recuerda que son juegos, no realidades. Observa para que no te identifiques con ellos y, cuando no sean necesarios, sé natural.

DÍA **34** El amor y la meditación siempre han estado separados por las llamadas religiones; no sólo separados y divididos, sino casi enfrentados uno contra el otro. Durante siglos, las religiones le han enseñado a la gente: «Si amas, perderás la meditación, así que deshazte de todas las relaciones amorosas. Múdate a un monasterio, permanece soltero, vuélvete monje». La palabra *monje* significa vivir solo; en sí misma, la palabra *monje* significa alguien que vive solo, sin relacionarse con nadie. De la misma raíz vienen palabras como *monopolio, monotonía, monogamia.* «Vuélvete monje o monja. Evita el amor, escapa del amor, sólo entonces alcanzarás la meditación». Esto se ha enseñado durante siglos. O, si quieres moverte a la dimensión del amor, entonces olvida todo lo relacionado con la meditación.

Así, la gente religiosa ha dividido al mundo; han creado una especie de esquizofrenia. Y el problema es que el hombre necesita ambos y no puede contentarse con uno. Es imposible contentarse con uno. Hay una cierta necesidad de amor y también una cierta necesidad de meditación.

DÍA **35** La mera existencia no es vida. Y la gente de cierta forma sólo está existiendo, vegetando, sobreviviendo. Para sobrevivir, pan, mantequilla y refugio son suficientes, pero no habrá grandeza, esplendor. Tu cielo interno permanecerá totalmente oscuro. No habrá estrellas ni noches de luna llena.

Uno tiene que rebelarse contra todo el sinsentido que enseñan desde fuera las universidades, las iglesias, los sacerdotes, los políticos. Uno tiene que rebelarse contra todas y cada una de las cosas. Es una conspiración muy larga, muy arraigada. A menos de que te rebeles contra todo en general, no podrás decir: «Podemos escoger pocas cosas buenas y deshacernos de las otras, de las cosas malas...». Todas están interconectadas. Si escoges una cosa, vendrán otras detrás. Tenemos que dejarlo todo por completo; no es cuestión de escoger. Todas las cosas son interdependientes, existen como un organismo.

Rebelión significa deshacernos de todo el pasado y vivir en el presente sin tradición alguna, sin mentalidad alguna, sin conocimiento alguno; vivir como un niño, como si fueras el primer hombre.

Deshazte del pasado como si nunca hubiera existido, empieza siempre por el ABC: fresco, desde cero. Y tendrás una vida hermosa; tendrás una vida aventurera. Tendrás una calidad de vida extática.

DÍA **36** A menos de que te deshagas de todo el conocimiento prestado, no puedes ser sabio. Y el inicio de la sabiduría está en ser dichoso. Así que deshazte de todas las ideas de culpa, no hay necesidad de sentirse culpable. Eres perfectamente bueno como eres. De esa forma te hizo la existencia; toda la responsabilidad es suya.

Regocíjate de tu forma de ser, ¿qué más puedes hacer? Cuando entiendas esto, cuando te aceptes como eres, sucederá un milagro impresionante: inmediatamente empezarás a crecer porque la culpa desaparece y la alegría entra en tu ser. Y en un ambiente de alegría, el crecimiento se vuelve posible. Por lo tanto, sostengo que la risa es una de las cualidades más religiosas.

DÍA **37** Una danza es pura cuando el danzante se disuelve en ella, cuando el danzante ya no está ahí, cuando no se puede encontrar al danzante y sólo queda la danza. Eso es la meditación, el sannyas, el éxtasis, y, finalmente, eso es la existencia.

Despacio, despacio, aprende a disolverte. Disuélvete en cualquier acto, entonces, ese acto se convierte en danza. Si estás corriendo y desapareces en la carrera, entonces no hay corredor, sólo queda la carrera; si estás corriendo en la mañana, y no hay corredor, sino sólo el correr, estás tan poseído por el acto mismo que sólo queda el acto sin ningún actor dentro, entonces eso es danza.

Cuando puedas perderte a ti mismo, hay danza y hay sannyas. Y despacio, despacio, deja que eso se convierta en tu corazón. Entonces la existencia vendrá a buscarte. No tienes que ir a ningún lado: un día tocará tu propia puerta.

DÍA **38** No te mantengas separado. Al ver una rosa, conviértete en la rosa. Al ver un atardecer, piérdete en él. No seas distante, frío. No seas sólo un espectador, conviértete en participante. Al ver el cielo lleno de estrellas, vuélvete parte de él, una pequeña estrella. Pero participa en la danza.

Para mí, eso es la religión: disolverse en el todo. Al igual que un río desaparece dentro del océano; tú desapareces dentro de la existencia.

DÍA **39** Tienes que dirigir el mundo interior. Tenemos un reino dentro, el verdadero reino. Todos queremos convertirnos en reyes, pero seguimos buscando en la dirección equivocada, seguimos buscando fuera. Uno podrá volverse un rey de este mundo, pero aun así, en el fondo, saber que está equivocado. Sigue siendo pobre, sigue estando vacío. Nada está satisfecho aún y la vida se te ha escapado de las manos mientras estabas recolectando basura. Un Alejandro Magno muere tan pobre como cualquier mendigo. Así que todo el espectáculo es un engaño. El verdadero reino está en el interior. Un Buda, un Zaratustra, un Lao-Tsé o un Jesús son verdaderos reyes porque se gobiernan a sí mismos.

Por lo general, somos esclavos que fingen ser gobernantes. A menos de que uno conquiste su propio inconsciente, sigue siendo un farsante, sigue siendo un esclavo y va jugando todo tipo de juegos de farsa y engaño, va proclamando: «No soy lo que crees que soy». Y él sabe lo que es y el resto de la gente también lo sabe, porque todos están haciendo lo mismo. Todos son mendigos y todos se esconden detrás de máscaras.

Sé un verdadero rey. La belleza del reino interior es que no hay competencia: tú tienes tu propio reino, yo tengo el mío, y nunca chocan, nunca se traslapan. Cada quien tiene un mundo interior muy vasto, donde no hay competencia ni lucha ni desacuerdo con nadie.

DÍA **40** Un hombre sabio es naturalmente majestuoso. Podrá ser un mendigo, pero sigue siendo un rey. Su reino es interior. Tiene tesoros inagotables. Ha superado su inconsciencia; eso es la sabiduría.

La sabiduría no es conocimiento, es la conquista del inconsciente, está llena de luz. No quedan ni siquiera islas de oscuridad. Cuando tu ser está lleno de luz, no importa si posees algo o nada, eres majestuoso.

DÍA **41** Aquéllos que dicen no creer en Dios, también pertenecen a Dios. Aquéllos que le dan la espalda a Dios, también pertenecen a Dios; y en lo que concierne a Dios, todos están salvados. Todo este universo ya está en el estado último: sólo lo hemos olvidado. Hemos olvidado que no tenemos que hacer nada; hemos olvidado que ya estamos ahí, donde queremos estar. Hemos olvidado que ya somos lo que queremos ser, lo que soñamos y deseamos; y nunca hemos sido otra cosa. Pero nos ha caído encima un profundo, profundo sueño.

La función de un maestro no es salvarte, sino sólo recordártelo.

DÍA **42** Así como la respiración y la circulación de la sangre, la comida, la nutrición son necesarios para la existencia del cuerpo, así la dicha es necesaria para el alma. Pero se necesita excavar un poco para poder descubrir el trasfondo. Una vez que conoces la dicha, su fuente, toda tu visión cambia, toda tu perspectiva es nueva.

Entonces ves la existencia con ojos nuevos. Entonces, lo que hayas encontrado dentro de ti, lo encontrarás en todos lados, porque lo que sea que somos, lo encontramos en la existencia. La existencia es simplemente un espejo: refleja nuestro rostro real, sea el que sea. Si estamos ocultando nuestro rostro real con una máscara, se refleja la máscara.

La existencia sólo hace eco de nuestro ser. Una vez que sepas que la dicha es tu naturaleza, todo el universo se volverá dichoso. Eso es lo que significa la realización, la liberación.

DÍA **43** Dios no es una creencia sino una visión. Creer en Dios es absolutamente innecesario. Es como un ciego que cree en la luz, o un sordo que cree en la música. No pueden concebir lo que creen, ni siquiera lo pueden imaginar. Sus creencias son engaños, pero eso no es tan importante: es mucho más importante que también se están engañando a sí mismos.

La divinidad tiene que ser una experiencia. Mi intención no es darte una doctrina, sino ayudarte a despertar; ayudarte a que abras los ojos y veas por ti mismo.

DÍA **44** Con ego, la vida es miserable porque si te arraigas en algo falso, no puedes celebrar. Sólo la verdad puede liberar las energías de celebración que están en ti. Sólo la verdad se puede convertir en una canción en tu corazón. El ego es la mentira más grande: todas las demás mentiras son resultados suyos. Y como es una mentira, apesta; como es mentira, crea mil y un problemas en torno suyo. Se esconde detrás de esos problemas. Crea una enorme fachada de miseria, unas nubes de miseria tales que te involucras en la desdicha y olvidas todo lo referente a la raíz que lo causó todo.

Cuando te deshaces del ego —y es sólo cuestión de que lo decidas, si quieres deshacerte del él lo haces en ese instante, nada puede evitar que lo hagas excepto tú mismo— inmediatamente tu vida atraviesa por un cambio radical. Atraviesa una revolución; gran poesía y gran música surgen en ti.

DÍA **45** Te estoy dando una visión totalmente nueva de la religión. No está basada en el temor, está arraigada en la temeridad. Así que no te estoy enseñando ningún dogma, ningún sistema de creencias, ninguna filosofía. Simplemente te doy la ciencia para entrar, para despertar tu alma. Y nadie más puede hacerlo por ti. Nadie puede hacerlo en tu nombre, lo tienes que hacer tú. El maestro sólo puede indicar el camino; tú tienes que seguirlo.

Una vez que tu consciencia se comience a agitar un poco, se desencadena el proceso. Luego sigue creciendo solo. El primer paso es el más difícil. La semilla que cae al suelo, lista para morir, es el paso difícil. Una vez sucedido eso, y muerta la semilla en el suelo, el retoño empieza a crecer. Al principio sólo salen dos hojas, y luego, un gran follaje y muchas ramas y un inmenso árbol con millones de flores…

DÍA **46** El hombre ha vivido en guerra demasiado tiempo. Fuera de las luchas con otros, por dentro pelea consigo mismo, como si sólo conociera una forma de vivir, y ésa fuera únicamente pelear. En nombre de la política, pelea con otros; en nombre de la religión, pelea consigo mismo. Por eso hemos creado tanta miseria. Pelear no puede traer paz. Uno tiene que aprender a deshacerse de ese viejo patrón de lucha constante.

Mi método es el de la no resistencia, de la no lucha. No se necesita pelear porque ésta es nuestra existencia, somos parte de ella. No es hostil a nosotros, no está contra nosotros, no nos va a devorar. Nos ha dado vida, nos nutre, es muy amigable, muy maternal. Tu cuerpo es tu amigo y tu mente también, sólo tienes que saber cómo usarlos.

Que éstos sean tus cimientos: por fuera, sé amigable

con la existencia; por dentro, sé amigable con todos, contigo también, que es lo más difícil. La gente no se ama. Es lo último que hacen. Es fácil amar al enemigo; es muy difícil amarte a ti mismo. Te conoces demasiado bien, ¿cómo podrías amarte? Pero la persona que puede amarse a sí misma, puede amar a todos. Ámate a ti mismo, y amarás a tus enemigos y a todos los demás. Si te puedes amar a ti mismo, habrás cumplido la condición básica del amor. De ese amor surge la paz, y la paz es la puerta desde la cual empezamos a recibir los mensajes divinos.

DÍA **47** El amor contiene todo mi mensaje. Ámate a ti mismo, ése es el principio, luego ama a los que te rodean, luego ama al mundo, luego ama al cosmos entero; sólo entonces serás capaz de amar a Dios.

La travesía empieza desde uno mismo y termina en Dios. Ésas son las dos orillas del río. Tú estás en una orilla, Dios en la otra, y el amor es el puente. El puente atraviesa todo el río, pero la gente le tiene mucho miedo al amor; por eso siguen orando. Nunca entienden lo que están haciendo; su oración es pura ignorancia. A menos de que esté lleno de amor, no puede ser verdad. Sus vidas carecen de amor, pero siguen yendo a iglesias y templos. Es absolutamente absurdo.

A menos de que vivas en el amor no podrás entrar en cualquier templo de Dios; y el que vive en el amor no necesita entrar a ningún templo, ya está en él.

Recuerda este simple mensaje y trata de vivirlo, porque no es una doctrina en la cual creer, sino una vida en la cual desarrollarse. Florece en el amor, libera la fragancia del amor, ésa es la oración. Y sólo la fragancia del amor alcanza a Dios, nada más.

DÍA **48** Ninguna otra época, ningún otro siglo ha hablado tanto del amor como nosotros, y el habla constante da la ilusión de que sabemos lo que es el amor. Engañamos a los demás, nos engañamos a nosotros mismos también. El hombre está muriendo sin amor porque, así como el cuerpo necesita comida, el alma necesita amor; es indispensable. Pero la comida la puedes producir, la puedes crear, la puedes cultivar. Con el amor tienes que aprender una técnica totalmente nueva, la técnica de estar relajado, abierto, disponible.

Es arriesgado, es peligroso ser abierto, ser vulnerable, porque uno nunca sabe lo que va a pasar. Por lo tanto, la gente se mantiene cerrada. Al estar cerrados, se sienten seguros. Hay seguridad, pero la vida desaparece. Están muertos incluso estando vivos. Están casi en sus tumbas: a salvo, seguros, todo garantizado, sin miedo. Pero si no hay vida, ¿cuál es el punto de todas esas garantías?

Una vida real siempre es emocionante y el amor es la aventura más grande. Es entrar en lo desconocido; es permitirle a la existencia que tome posesión de ti. Y la existencia puede tomar posesión de ti sólo si estás listo para disolverte en ella. En esa disolución, el amor crece. Cuando tú no eres, el amor es. Y así es como la divinidad sucede. El amor es el principio de la divinidad; el amor es el heraldo de la divinidad, el primer rayo de sol.

DÍA **49** Cuando estés listo para arriesgarte por lo invisible, por lo que trasciende las palabras, la lógica, la mente, por lo que no puede ser medido nunca, por lo que nunca puede reducirse a un sistema, habrás dado un salto considerable. La mente lo llamará locura, pero la locura es la cordura real. La locura es el fenómeno más precioso de la existencia.

Es gracias a unos cuantos locos que la humanidad no ha perdido el contacto con la divinidad. Un Buda aquí, un Jesús allá, un Mahoma en otro lado: unas cuantas personas que siguieron en contacto con la existencia y a través de ellos la humanidad entera ha seguido en contacto con la existencia. Sannyas significa dar el salto hacia lo desconocido, hacia lo inconmensurable, hacia lo ilimitado. Se necesita coraje porque el barco es muy pequeño y estás yendo hacia el océano infinito. Pero incluso si te pierdes en la infinidad del océano, habrás ganado. Incluso si te ahogas en él, ganarás, no perderás; resucitarás. Alcanzarás un plano más alto del ser.

Los que se aferran a la orilla, asustados del océano que niegan, dicen: «No hay océano en absoluto. Es pura imaginación, imaginación poética, mística. No hay océano, esta orilla lo es todo». Podrán vivir cómodos, en un mundito acogedor, propio, pero estarán perdiendo cada instante. Están perdiendo la gran oportunidad de crecer, de madurar, de trascender la muerte, de entrar en la existencia.

DÍA **50** No debes acercarte a Dios a través de la lógica, sino a través del amor. Acercarse a Él a través de la lógica es no dar con Él. La lógica es el camino seguro para no dar con Dios. Prohíbe, estorba; Dios no puede atraparse en una red de lógica. La red de la lógica es cruda y Dios es sutil. No es como un pez; es más como el agua. Podrás pescar un pez con una red, pero no el agua; el agua se escapará.

El único camino para conocer a Dios es el amor. Y recuerda que digo el único; sólo el amor abre tu corazón a la belleza de la existencia, a la grandeza de todo lo que es. Y esa grandeza es Dios, la gloria de la existencia es Dios.

Hay una celebración constante en curso. Es una danza sin principio ni fin. Pero nuestros corazones están cerrados y seguimos pensando en Dios con la cabeza. La cabeza es el lugar equivocado. En lo que concierne a Dios, ¡no tengas cabeza!

DÍA **51** Hay tres niveles a los que se puede elevar la energía humana: el primero es el sexo, el segundo es el amor, el tercero es la oración. Es la misma energía que se va elevando, volviéndose cada vez menos tosca, volviéndose más y más sutil.

El sexo es la energía que va hacia abajo; funciona bajo la ley de la gravedad. La Tierra la jala hacia abajo. Es terrenal, es fisiológica, biológica, química. La ciencia puede estudiarla; está disponible para la metodología científica. Es material.

El amor es superior. Está exactamente entre el sexo y la oración. Una parte del amor está disponible para nosotros, sólo una porción penetra a veces. Una parte está disponible para todos los seres humanos, pero la otra parte penetra el tiempo y está disponible sólo para los que empiezan a moverse hacia la búsqueda interior, sólo para la gente religiosa.

La primera parte, la que está disponible para los seres humanos ordinarios, es inconsciente. La segunda parte es consciente. Cuando el amor se vuelve consciente, por primera vez experimentamos algo que trasciende la gravedad, que no va hacia abajo, sino hacia arriba.

Y la tercera es la oración. El sexo va hacia abajo, el amor hacia arriba, y la oración no va a ninguna parte. Es un estado del ser. El sexo es movimiento, también el amor; se mueven en direcciones opuestas. Pero la oración sigue siendo un punto; no hay movimiento ni travesía ni peregrinación. Simplemente eres.

En ese silencio y tranquilidad profundos, cuando simplemente eres, te vuelves consciente de la divinidad. Toda la existencia se llena de divinidad. Y no es sólo que experimentes la divinidad. La gente que se te acerque, la gente que se abra a ti, también sentirá algo extraño, misterioso, milagroso. Percibirán lo desconocido. En ciertos momentos podrán volverse conscientes del aura que te rodea. Es la fragancia de la oración.

DÍA **52** Por lo común, el hombre está vacío, hueco. Ésa es su miseria. Quiere estar lleno, por lo que va llenándose de comida, sexo, alcohol, dinero, cosas, todo tipo de artefactos que la tecnología ofrece. Pero aun así, la vacuidad interior sigue estando tan vacía como siempre. De hecho, uno empieza a sentirla más cuando está rodeado de todo tipo de cosas. En contraste con todas esas cosas, el interior parece muy pobre.

La búsqueda de dinero, poder y prestigio consiste

básicamente en crear una plenitud del ser, pero es en la dirección equivocada; no es la forma de devenir pleno. La forma de devenir pleno es con el amor, la oración, la gracia. Sólo hay una forma de devenir pleno: estar preñado de existencia, estar disponible para la existencia y para toda su gloria y esplendor. Ésa es mi enseñanza, en esencia: ama la existencia y estarás pleno. Ama incondicionalmente y te desbordarás. Y cuando empieces a desbordarte será el momento de ir a casa. Habrás llegado y sentirás una enorme alegría.

DÍA **53** Tenemos el potencial de estar totalmente despiertos, pero quizá no nos percatemos de ello. Es nuestra responsabilidad. Tenemos la semilla y el suelo y el clima y todo lo necesario, pero aun así quizá no eches la semilla al suelo. Quizá guardes la semilla, quizá la atesores tras puertas cerradas, en una caja fuerte. Entonces el potencial seguirá siendo sólo potencial, tu vida seguirá siendo sólo una oportunidad insatisfecha.

Por eso hay millones de personas que sufren. Yo sólo conozco un sufrimiento, y es el de no ser lo que eres capaz de ser. Ése es el único sufrimiento del mundo; todo lo demás es muy menor, insignificante. El sufrimiento real es seguir perdiendo la oportunidad de transformar tu potencial en realidad.

Muy poca gente conoce el paraíso de la vida. Otros desconocen por completo el esplendor y la gran bendición que es la existencia.

DÍA **54** Cuando conoces tu ser supremo, te vuelves emperador. Antes de eso, sigues siendo un mendigo. El autoconocimiento te vuelve consciente de tu reino por primera vez. El reino no es del exterior. Todo reino exterior es falso, un castillo de arena o un castillo de naipes: pueden desaparecer en cualquier momento. Una brisa basta para destruirlos.

Pero hay otro reino, el reino del interior, y ése es el verdadero reino, el verdadero tesoro. Conocerlo es poseerlo. El mero acto de conocerlo es poseerlo.

Es nuestro, pero lo hemos olvidado. No está perdido, simplemente está olvidado; por lo tanto, la religión no es nada más que una remembranza. La meditación, la oración y otras técnicas son sólo una herramienta para recordar quién eres. Cuando hayas recordado, cuando hayas reconocido tu realidad, ya no tendrás deseos porque todo estará satisfecho. Todo lo que siempre necesitaste estará disponible. La existencia te lo ha dado desde el principio. La existencia no crea mendigos, sólo crea emperadores.

DÍA **55** No hay nada más valioso que la meditación. La gente que no ha probado la meditación es la más pobre del mundo. Podrán tener riquezas, pero siguen siendo mendigos porque todavía no conocen el verdadero tesoro, el tesoro que la muerte no puede destruir, el tesoro que no te pueden robar, el tesoro que eres tú.

Cargamos un tesoro inagotable de diamantes, pero no lo exploramos. Hemos olvidado por completo explorar nuestro mundo interior. Nos hemos obsesionado demasiado con el exterior. Nos hemos vuelto tan externos, tan extrovertidos, que no sólo no exploramos el interior, sino que no creemos que exista ningún interior. Por eso la gente dice que no hay alma, no hay Dios. De hecho, dicen que no hay interioridad humana. Dicen que no hay interioridad en la existencia. Dicen tonterías porque el exterior no puede existir sin el interior, ni el interior sin el exterior.

DÍA **56** Meditar es una forma de alcanzar la paz; no es un cultivo de paz, sino tomar consciencia de los pensamientos, de lo que estás haciendo, pensando, sintiendo: una consciencia tridimensional. Una dimensión es la acción, la segunda es el pensamiento, y la tercera dimensión es el sentimiento. Estas tres dimensiones se tienen que observar en silencio, sin juicio alguno. Despacio, despacio, se empieza a dar un milagro: entre más observes, menos habrá que observar. Cuando tu observación se vuelva perfecta, tu mente se detendrá por completo, cesará por completo. Y en ese alto de la mente está la paz.

La paz llega como resultado de la meditación; entonces es verdad, entonces es un puente entre tú y la existencia.

DÍA **57** La meditación es un estado de no-mente; no está ni en el centro de la mente ni en la circunferencia. Simplemente no es parte de la mente, está observando a la mente desde fuera. Ése es exactamente el significado de la palabra *éxtasis*, estar afuera. Éxtasis es estar afuera de la mente.

Eso es la meditación. Sólo sé un observador externo, ya no un participante, deja de estar identificado con la mente; así como uno observa el tráfico de la calle, sentado en silencio bajo un árbol: lo que importa no es quien pase. Uno simplemente observa lo que está pasando, sin gusto ni disgusto, sin justificación ni condena, sin prejuicio alguno. Cuando uno puede ver la mente sin condenarla, sin dar apreciaciones, sin decir «esto es bueno» y «eso es malo», cuando uno puede verla en un profundo silencio, eso es meditación.

Con la meditación sucede un milagro, y sólo con la meditación: la mente desaparece. Despacio, despacio, se va alejando cada vez más. Despacio, despacio, sólo oyes los sonidos que vienen de lejos. Y de pronto llega el momento en que no hay mente. Se ha desvanecido, se ha marchitado.

Cuando la mente ya no está y te quedas solo, sin ella, se libera una fragancia. Habrás llegado a casa, estarás satisfecho. La flor de loto de mil pétalos de tu ser se ha abierto. Le habrás ofrecido tu fragancia a la existencia; eso es la oración. Ése es el único regalo que le podemos dar a la existencia, y es el único regalo que la existencia puede aceptar.

DÍA **58** La meditación sólo puede florecer en relajación profunda: la relajación es el suelo apropiado para que se dé la meditación. Recuerda, la meditación no es concentración. La concentración es una presión: no puede relajarse, es tensión. No puede tener sosiego. La concentración significa que estás enfocando las energías de tu mente hacia un punto y excluyendo todo lo demás. Es un gran esfuerzo, es cansado. Es útil en ciencia. La ciencia funciona con concentración porque la ciencia nunca trasciende la mente. Y la mente funciona a su máximo nivel cuando está concentrada; naturalmente, porque todas las energías se reúnen en un punto.

La religión es un intento por trascender la mente,

así que la concentración no sirve ahí. Por lo tanto, concentración y meditación no son sinónimos. No solo no son sinónimos, son polos opuestos. Meditación significa un estado de total relajación, tan relajado que la mente se derrite. Así como en la concentración se vuelve cada vez más fuerte —entre más concentrada esté, más fuerte es— en la relajación se vuelve cada vez más débil porque no se excluye nada, todo se incluye. No hay presión ni tensión: no son necesarias. No son necesarias porque no estás tratando de enfocarte en nada. Simplemente estás disponible y abierto. Esa disponibilidad, esa apertura hacia la existencia, es meditación. Se necesita un trasfondo de sosiego y relajación.

Así que, cuando tengas tiempo, relájate. Y estate alerta a todo lo que pase alrededor: el perro que ladra a la distancia, los vecinos discutiendo, el ruido del tráfico... Nada debe tomarse como distracción. En la meditación, nada es una distracción; sólo puede haber distracción si estás tratando de concentrarte. Claro que, si estás tratando de concentrarte, todo lo que te perturbe es una distracción. Pero en la meditación no hay posibilidad de distracción porque, en primer lugar, no estamos tratando de concentrarnos. Así que nada puede perturbar ni nada puede distraer; todo se absorbe.

En esa apertura, la mente empieza a desaparecer lentamente, a evaporarse, y empiezan a llegar unos destellos de no-mente. Son grandes experiencias, y despacio, despacio, un día sabrás que estás fuera de la mente; completamente fuera de la mente. Te habrás ido al más allá.

DÍA **59** Un hombre sin meditación se vuelve mediocre. Su consciencia se oxida. Su consciencia se cubre de polvo. Pierde todo el brillo, toda la inteligencia. Despacio, despacio, se le olvida por completo quién es. Se vuelve estúpido; la máxima estupidez es olvidar quién eres. Y eso le pasó a la humanidad entera. Con la meditación se puede afilar la consciencia, se puede eliminar el polvo, se puede lavar el óxido. Tu espejo se puede volver brillante otra vez. Y cuando tu consciencia brilla, refleja la realidad. Dios es el otro nombre de la realidad. Conocer a Dios es conocerlo todo; no conocer a Dios es vivir en la ignorancia, en la oscuridad, en la muerte.

DÍA **60** Todo mundo, excepto unas cuantas personas totalmente sordas, piensa que es capaz de oír. Todo mundo, excepto los ciegos, cree que es capaz de ver. Pero no es cierto.

Jesús les dijo una y otra vez a sus discípulos, «El que tiene oídos, que oiga; el que tiene ojos, que vea». Ciertamente no siempre le está hablando a los ciegos y a los sordos; le habla a gente como nosotros. Buda muchas veces empezaba su sermón diciéndole a la gente cómo escuchar. J. Krishnamurti enfatizaba que uno debe prepararse para el gran arte de escuchar, de escuchar correctamente. Mahavira fue un paso más allá que Jesús, Buda y Krishnamurti. Dice que sólo hay dos formas de llegar a la verdad: una es escuchar correctamente y la otra es esforzarse correctamente.

Con la primera basta; por lo tanto, no es necesario esforzarse por la verdad. Si eres capaz de escuchar correctamente, no es necesario esforzarte. La segunda es sólo para los que no saben escuchar; entonces tienen que esforzarse, tienen que luchar. Escuchar correctamente significa escuchar con amor y empatía profundos. Uno puede escuchar de forma antagonista, con conclusiones *a priori*, con prejuicios, con condicionamientos mentales. Ésa no es la forma correcta de escuchar.

Pero el amor es capaz de dejar todo de lado. El amor es capaz de escuchar en silencio. Y entonces todo puede disparar el proceso de iluminación. No es sólo cuestión de escuchar correctamente a un maestro; ése es sólo un aspecto. Ese sonido de la lluvia sobre el tejado... Si uno escucha correctamente —oído puro sin ideas, sin querer interpretar, sin intentar entender—, con eso basta. Entonces seguramente descubrirás que no es la lluvia sobre el tejado, es la existencia misma. Entonces el aire que pasa por los pinos es la existencia pasando por los pinos, y el sonido del agua... Entonces todo... No es cuestión de lo que escuches; la cuestión básica es cómo escuchas.

DÍA **61** Mi mensaje es el amor, mi religión es el amor. De cierta forma, es muy simple, no hay complejidades, no hay rituales ni dogmas ni filosofía hipotética. Es un enfoque de vida muy simple y directo. Una palabra pequeña como *amor* puede contenerlo. Mis sannyasins tienen que estar en una constante relación de amor con la existencia. No es cuestión de a quién ames: a quien está dirigido tu amor es inmaterial. Lo que importa es que puedas amar 24 horas al día, igual que como respiras.

Así como la respiración no necesita objeto, el amor no necesita objeto. A veces estás respirando con un amigo, a veces respiras junto a un árbol, y a veces respiras mientras nadas en una alberca. Deberías amar de la misma manera. El amor debería ser el centro interior de tu respiración; debería ser igual de natural que respirar. De hecho, el amor tiene la misma relación con el alma que la que tiene respirar con el cuerpo.

DÍA 62 Una de las ilusiones más fundamentales de la humanidad es que todo el mundo cree que sabe lo que es el amor: por lo tanto, nadie lo descubre. Todo mundo supone que sabe lo que es el amor, por lo tanto, no es necesario experimentarlo. Y por eso no hay amor en el mundo. Hay amantes, pero no amor. Los padres fingen amar a sus hijos, lo hijos fingen amar a sus padres, los esposos fingen, las esposas fingen: todo es fingir. Y no es que lo hagan conscientemente; quizá no se den cuenta.

Si a todos nos dijeran desde el principio: «El amor es el mayor arte de la vida porque es la mayor magia, el fenómeno más milagroso. No lo puedes dar por hecho, tienes que explorarlo, tienes que ir a lo profundo. Tienes que aprender sus formas: es un arte…».

La gente aprende a pintar durante años; pero sólo uno de cada mil pintores se vuelve Picasso. La gente aprende música durante años y sólo de vez en cuando surge un Yehudi Menuhin o un Ravi Shankar. Si la gente empieza a explorar el amor, entonces habrá unos cuantos buenos amantes. Su sola presencia realzará toda la existencia y todos amarán al menos un poco.

Mi argumento es que la pintura es un talento, por lo que no todos pueden ser grandes pintores. La música es un talento innato, por lo que no todos pueden ser grandes músicos. La mayoría de los pintores serán sólo técnicos, no creadores verdaderos. Lo mismo sucede con la música y la poesía y la literatura y todas las dimensiones de la creatividad. La mayoría sólo serán técnicos; conocen la técnica, pero no tienen visión creativa.

En cuanto al amor, la situación puede ser distinta porque el amor no es un talento sino un potencial que tenemos todos; por lo tanto, finalmente es posible que toda la humanidad llegue a la cúspide del amor. De hecho, sólo entonces la humanidad real nacerá.

DÍA **63** El amor total lo incluye todo. Nada queda fuera, todo está incluido. Y recuerda, no estoy diciendo el amor *perfecto*. Estoy diciendo el amor total, que son dos cosas muy distintas. Durante siglos nos han enseñado cómo perfeccionar nuestro amor, y hemos fracasado porque la idea era un total sinsentido. El amor no se puede perfeccionar. Perfeccionarlo es matarlo. Y no se puede matar al amor porque es vida, es eterno, intemporal. El amor no conoce la muerte; el amor es el único fenómeno en la experiencia humana que trasciende la muerte.

El amor total es un fenómeno totalmente diferente del amor perfecto. El amor perfecto tiene cierta idea, y esa idea tiene que satisfacerse. Tenemos que seguir cierto patrón, hay muchas cosas que «debes» y «no debes» hacer, muchos mandamientos. Despacio, despacio, debemos cultivar cierta cualidad de perfección. Pero el amor total no es ideológico; no hay ideas en torno al amor. Lo único que se necesita es que cada instante, hagas lo que hagas, sea de todo corazón, no te contengas, eso es todo. A eso me refiero con total: no te contengas.

DÍA **64** El amor es más como una fragancia que como una flor. Una flor tiene forma, y cada forma crea una limitación. El amor es ilimitado, por lo tanto, no puede tener forma alguna. La flor tiene color, la fragancia es incolora. Los colores te hacen unidimensional, pero lo incoloro te hace multidimensional. Y el amor, para ser amor verdadero, tiene que ser amorfo, ilimitado, multidimensional. Si es lineal, se vuelve lujuria; si es multidimensional, se vuelve oración. Es la misma energía: el amor. Lo más bajo a lo que puede caer es la lujuria, y lo más alto a lo que se puede elevar es la oración.

La energía no es diferente, es la misma escalera. La lujuria es el peldaño más bajo y la oración es el más alto. El nombre de la escalera es amor; incluye todos los peldaños desde el más bajo hasta el más alto. A eso me refiero cuando digo que es multidimensional, amorfo. Pero por nuestra falta de consciencia tratamos de darle forma, color, figura, límites. Tratamos de crear una delimitación y, entre más lo consigamos, más desaparecerá el amor; morirá.

Tiene que ser un ave al vuelo, en el cielo; no puedes enjaularla. Incluso si haces una jaula de oro, matarás al ave. El ave en la jaula y el ave en el cielo abierto no son la misma; son dos fenómenos diferentes. Se parecen, pero el ave al vuelo, por los aires, en las nubes, tiene libertad, y gracias a la libertad, tiene dicha.

DÍA **65** Un hombre sin amor es soso. Un hombre sin amor no está realmente vivo, aún no ha nacido. Físicamente, está fuera del vientre materno, pero psicológicamente, sigue viviendo encapsulado, cerrado ante el viento, la lluvia, el sol, ante todo lo que es. Sigue viviendo en el miedo. Esas dos palabras, *miedo* y *amor*, son muy importantes porque son los únicos dos estilos de vida: o vives por miedo o vives por amor. La energía que se vuelve miedo es la misma que se vuelve amor. Depende de ti, de la dirección en que le ayudes a moverse a la energía.

Si permaneces cerrado, la energía empieza a moverse dentro de ti. Pierde contacto con el todo. Y cuando pierdes contacto con el todo, creas miseria, tu flujo se detiene; empiezas a morir, te desarraigas. Dejas de ser un río, te vuelves un pequeño estanque lodoso. Pronto empiezas a apestar.

El miedo sólo puede traer muerte; no tiene fuentes que le den vida. Pero si estás abierto —todas las puertas, todas las ventanas abiertas— la misma energía se convierte en amor. La misma energía, cuando empieza a moverse, a fluir… La misma agua o el estanque lodoso, se vuelven puros cuando fluyen como un río. El propio movimiento del río va hacia el océano. La propia dirección purifica, porque te estás moviendo hacia lo más grande, lo más alto, lo infinito.

Vive la vida como amor, nunca la vivas como miedo. Y si vives la vida como amor, llegarás a conocer la vida eterna y la fragancia de un Buda, un Jesús, un Mahoma, y toda la poesía que viene con ese corazón amoroso, toda su gracia, todas sus bendiciones. Esa persona no sólo es dichosa, se vuelve una bendición para la existencia entera.

DÍA **66** Todos tienen la semilla para volverse una bella flor de amor, un loto. Pero muy poca gente se ha podido convertir en una, por la sencilla razón de que muy poca gente está alerta; no pueden discriminar qué es qué.

Mira cuántas cosas pretenden ser amor. Si fueran amor, no podrían crear miseria; ése será el criterio. Si crean miseria, no son amor: deshazte de ellas. El amor siempre trae dicha; nunca trae miseria. Siempre recuérdalo, no lo olvides ni por un instante.

DÍA **67** Millones de personas viven en el centro más bajo: el sexo. Por lo tanto, el trabajo de un sannyasin empieza en el centro del sexo porque ahí está la energía. No condeno el sexo porque es energía. Sólo tenemos que moverlo hacia arriba. Y sólo podemos moverlo hacia arriba si tenemos un profundo respeto por él, si le tienes afecto, si eres amigable con él.

Todas las religiones del mundo enseñan a ser antagónicos frente a la energía sexual. Y cuando te vuelves antagonista de la energía sexual, pierdes la pista del crecimiento espiritual porque pierdes contacto con tu propia fuente de energía. Te desarraigas de tu propia fuente. Por eso tus santos parecen muertos y sosos, tan estúpidos y sin inteligencia. No tienen ni el sabor ni la fragancia de aquél que ha llegado. Están cargados de culpa porque sea lo que sea que condenen, sigue ahí; no te puedes deshacer de tu energía sexual simplemente condenándola.

La única forma de deshacerte de ella es transformándola en un plano superior, para que desaparezca del plano inferior. Y conforme sigues ascendiendo, te vuelves cada vez más dichoso. Conforme vas ascendiendo, sientes más dicha, más paz, más silencio, más tranquilidad, te sientes más centrado; simplemente estás feliz sin razón alguna.

DÍA **68** El cuerpo vive a través de la respiración; una vez que la respiración se detiene, el cuerpo muere. El alma existe a través del amor, pero mucha gente no tiene alma porque nunca empieza a amar. Sólo asumen que tienen un alma, pero no es así. En potencia, claro que la tienen, y si empiezan a amar, se volverá realidad. El amor transforma tu alma en potencia, en un fenómeno en acto. Es el mayor milagro, la mayor magia, el mayor misterio de la vida. No hay nada superior al amor.

Pero cuando uso la palabra *amor*, la uso en un sentido muy especial. No tiene las connotaciones ordinarias: es sólo una relación de amor con el todo, una amistad con todo, incluso con las cosas que ordinariamente se piensa que están muertas.

Un buda trata incluso a una silla como si estuviera viva. No es cuestión de si está viva o no; el punto es que un buda no puede no amar, así que, haga lo que haga, hay amor.

DÍA **69** Amor y oración son dos experiencias de la misma energía. El amor es terrenal, la oración es más extraterrenal, pero la experiencia es la misma. El amor tiene una limitación; es de persona a persona. La oración es ilimitada, es de persona a existencia impersonal. Y es de persona a existencia impersonal sólo al principio, porque cuando te relacionas con la existencia impersonal, tu persona se pierde. Es como una gota de rocío que cae en el océano; no puede seguir siendo una gota de rocío, perderá sus límites. Se convertirá en el océano. Pero no pierde nada, lo gana todo, aunque la vieja identidad se haya ido.

DÍA **70** Durante siglos, la gente ha escapado del amor hacia los monasterios, hacia las montañas, hacia los desiertos, sólo para evitar todas las oportunidades donde pudiera crecer el amor. Han vivido en cuevas solitarias, temerosos del amor. Y tiene cierto sentido: el amor crea mucha confusión. La vida sin amor tiene cierta calma, pero la calma es fría, está muerta. Sí, hay silencio, pero es el silencio de un cementerio; no tiene música. No vale nada.

Uno tiene que transformar el amor. Y eso no se puede hacer escapando. Uno tiene que entrar en toda la confusión del amor y seguir alerta, vigilante, consciente, para que la confusión se quede sólo en la circunferencia y no alcance el centro. El centro permanece quieto.

DÍA **71** El amor necesita la mayor valentía en la vida por la sencilla razón de que el requisito básico para entrar al mundo del amor es disolver tu ego, y eso es lo más difícil de hacer.

Nos aferramos al ego como a nada más. Estamos dispuestos a morir por él, pero no estamos dispuestos a dejarlo morir, porque nos define, nos da una identidad. Nos da una existencia separada. Nos hace sentir importantes, significativos. Pero como el ego es básicamente un fenómeno falso, todos esos sentimientos se basan en una falacia. Por lo tanto, en el fondo siempre estamos conscientes de que la importancia que da el ego es falsa, espuria. Lo sabemos y, sin embargo, no lo sabemos. Estamos conscientes de ello, pero queremos ignorarlo. Ése es el dilema humano.

Entrar en el amor significa salir del dilema, deshacerse de la falacia, deshacerse de lo espurio y de lo pseudo y ser simplemente una no-entidad, una nada. Pero de esa nada surge algo de valor inmenso. La vida se vuelve una celebración.

DÍA **72** Amor significa que tienes que aprender a respetar al otro como un fin en sí mismo. El otro no es un medio. Ése es el único acto inmoral en el mundo. De hecho, toda la inmoralidad puede definirse mediante esta sencilla premisa: si usas a los otros como medios, eres inmoral. Si estás lleno de respeto por los demás como un fin, entonces eres moral.

Tarde o temprano, la otra persona querrá su espacio y el miedo surgirá en ti. Querrías hacerlo prisionero, por supuesto, con bellas cadenas, cadenas de oro engarzadas con diamantes. Entonces podrías estar seguro del mañana. De otra forma, ¿quién sabe? Tu amante podría dejarte. Uno nunca sabe lo que va a pasar en el siguiente instante, así que uno quiere asegurarse del siguiente instante, quiere una garantía, y esa misma garantía mata al amor.

Entonces hay maridos y mujeres… Ésas son las personas que han despedazado al amor, lo han matado por completo. Ahora, el matrimonio es ciertamente un fenómeno mucho más permanente, como una flor de plástico. Una rosa real desaparecerá. Con tan sólo un fuerte viento los pétalos se marchitan. Uno tiene que aceptar que la vida es un flujo constante.

El amor crea todos estos retos, pero si tú permaneces centrado, alerta y consciente, entonces esos retos son inmensamente útiles; te enriquecen.

DÍA **73** Durante siglos, el matrimonio permaneció intacto porque el hombre había matado por completo el ego femenino. No es que sí *hubiera* muerto, sólo se escondió bajo tierra; trabajaba desde el subsuelo. La mujer se volvió muy sutil en sus exigencias egoístas, de ahí los caprichos y todo tipo de estrategias femeninas. Tuvo que inventarlos porque el hombre no le permitiría a su ego ninguna expresión directa. Tuvo que encontrar formas indirectas, pero tuvo que demostrarle al hombre quién era el verdadero amo. Y todos los días, en todos los hogares, todos los problemas se tratan de ver quién es el amo. Es casi imposible decidirlo, porque todo el asunto es absurdo.

Si hay amor, nadie es el amo, el amor es el amo. Ambos desaparecen en el amor. Ni el hombre es el amo, ni la mujer lo es: el amor los posee a ambos.

DÍA **74** El amor no puede convertirse en un deber; en el momento en que lo conviertes en deber, se vuelve artificial, superficial. Entonces ni siquiera traspasa la piel. El padre dice: «Ámenme, porque soy su padre». Le da razones a los hijos por las cuales deben amarlo, como si el amor necesitara razones. No genera situaciones en torno al niño en las que éste, espontáneamente, florezca en un ser de amor; sólo está forzando la idea.

Si el niño no siente amor, naturalmente se siente culpable porque no ama a la madre o al padre y eso es malo, eso no debe ser. Empieza a sentirse condenado.

Y si trata de amar sólo para evadir la culpa, entonces sabe que es mera hipocresía; pero tiene que conocer la hipocresía, porque tiene que sobrevivir. Es una cuestión de vida o muerte. Y luego tiene que amar a los hermanos y hermanas y a los tíos y tías. Tiene que amarlos y se le olvida por completo que el amor podía haber tenido un crecimiento natural. Ahora es un deber, un mandamiento que debe ser cumplido, por lo que él lo sigue. Se vuelve un gesto vacío. Y esto se convierte en un patrón por el resto de su vida.

DÍA **75** Muy poca gente en el mundo ama, por eso hay tanta miseria. Todos quieren amar, todos quieren ser amados, pero nadie aprende el arte de amar. Es un gran arte. Sólo nacemos con el potencial, pero el potencial tiene que transformarse en hecho. Tiene que hacerse realidad y el primer requisito es estar más alerta.

La gente es inconsciente; y por eso quiere amor. Quieren amar, pero como son inconscientes, todo lo que hacen es justo lo opuesto. Destruyen su propio amor, destruyen toda posibilidad de amor y luego son miserables. Culpan al destino, a Dios, culpan a todo excepto a sí mismos. Las personas alertas siempre se culpan a sí mismas porque son conscientes del hecho de que sus deseos y sus acciones son opuestos entre sí, se contradicen.

Cuando te vas volviendo cada vez más vigilante de tu funcionamiento interno, las cosas se vuelven simples. Entonces te tienes que deshacer de algunas cosas: no puedes ser celoso si quieres ser amante. Se vuelve claro que no hay nada que cuestionar; simplemente puedes ver que si eres celoso, el amor es imposible. Los celos están condenados a crear miseria. Los celos son parte del ego, la sombra del ego, la sombra de la sombra. Y el amor necesita estar libre de ego; no pueden ir juntos, no pueden coexistir.

Si escoges el ego a sabiendas, entonces dejas de lado todo el proyecto del amor y aceptas la miseria. Pero entonces no puedes ser miserable por tu miseria. Tú lo hiciste, fue tu decisión. No tiene sentido quejarse. O te deshaces del ego y de todos sus compañeros —los celos, la dominación, la posesividad— y dejas que fluya el amor y haya dicha, o te aferras al ego. Entonces el amor desaparece, la dicha desaparece, Dios desaparece, y tu vida no es más que infierno.

El requisito básico es estar consciente. El arte de la consciencia se vuelve el arte del amor, el arte de la dicha. Eso es la religión.

DÍA **76** Si no amas al mundo, no puedes ser creativo. Si no amas la belleza de los árboles, ¿por qué pintarías árboles? Si no amas el canto de las aves, ¿por qué cantarías? Si no amas la música del viento que pasa por los pinos, ¿por qué tocarías un violín? Sólo alguien que esté profundamente enamorado de la existencia puede ser creativo.

DÍA **77** Conviértete en amante; no de nadie en particular, conviértete en amante en general. Deja que el amor se vuelva tu cualidad, no sólo una relación con alguien: cuando el amor se vuelve una relación, incluye a uno, pero excluye a todo el universo. Escoger a uno y excluir a todo el universo es una apuesta muy peligrosa cuando todo el universo te pertenece y tú le perteneces a él. Todo el universo te va bañando con su amor y no responderle es ser muy poco agradecido.

Así que ama al sol, a la luna, a las estrellas, a los árboles, a los ríos, a las montañas, a la gente, a los animales; sé simplemente amor y deja que el todo sea tu amado. Eso es exactamente lo que hace religiosa a una persona. Cuando tu amor se esparza por todo el espacio, cuando no conozca límites, cuando nada lo confine, cuando sea ilimitado, cuando no se enfoque en ningún objeto y sea sólo un estado del ser, entonces el amor será oración, meditación. Y entonces el amor liberará.

DÍA **78** Conforme vas ascendiendo en el amor, tu vida se vuelve cada vez más significativa. Hay más canciones sonando en tu corazón; nacen más éxtasis. En el sentido último del amor, cuando es divino, eres sólo una flor de loto que libera su fragancia, su éxtasis. Entonces ya no hay muerte ni tiempo ni mente; entonces eres parte de la eternidad. Entonces, por supuesto, ya no hay miedo. ¿Cómo podría haber miedo si no hay muerte? No hay ansiedad, por supuesto; si no hay mente, ¿cómo podría haber ansiedad? Hay gran confianza, contento, satisfacción.

DÍA **79** El *Cantar de los Cantares* es una de las mejores canciones jamás compuestas, jamás pronunciadas. Pero es una de las canciones más incomprendidas también. Los cristianos en particular se avergüenzan de ella. Es parte del Antiguo Testamento y son incapaces de entender su significado. Tienen miedo, mucho miedo, porque habla de la belleza, del amor, del gozo, y su idea de la religión es de tristeza. La cruz parece quedarles perfecto, pero una rosa de Saarón, un amante, y una canción de amor parecen ser demasiado materialistas, demasiado mundanos. Así que no hay comentarios cristianos sobre el *Cantar de los Cantares*. Los judíos son un poco más terrenales, pero aun así se avergüenzan porque los símbolos que se usan son de amor.

Mi propia experiencia es que el amor es la única palabra que puede describir algo de lo divino. El encuentro de dos amantes es la única experiencia que puede decir algo sobre lo indescriptible, lo indefinible; que al menos puede indicar, dar una pista del enorme éxtasis que sucede cuando un individuo se funde con el todo. Es como dos amantes que se funden el uno en el otro, es un profundo abrazo de amor. Claro que es mucho mayor, mucho más profundo; es cualitativamente diferente, en un plano distinto que el de los amantes comunes. Pero los amantes ordinarios se acercan más que cualquier otra cosa. Ninguna cruz puede acercarse.

Para mí, el *Cantar de los Cantares* es la parte más hermosa de la Biblia, del Antiguo y el Nuevo Testamento, pero se necesita una visión totalmente nueva para explicarlo.

DÍA **80** Si no eres capaz de convertirte en canción, la vida se queda vacía, sin sentido. Y la gente trata de convertirse en todo menos en canción. Se quieren volver ricos, poderosos, famosos. Pero si se vuelven ricos, si se vuelven poderosos políticamente, si se vuelven famosos, pierden todas las cualidades que pueden hacer que su vida sea feliz. Pierden toda la alegría, se vuelven serios. Se tienen que volver serios porque las cosas que tratan de conseguir son competitivas. Son puros asuntos de ego, y el ego es algo muy serio.

El ego nunca toma nada como diversión, es muy serio. Por lo tanto, los egoístas tienden a volverse santos porque parece ser la forma más fácil de volverse poderoso, respetado, famoso, sin perder la seriedad en absoluto. De hecho, te puedes ir volviendo cada vez más serio conforme te vuelves un santo más grande. Pero también, cada vez estás más muerto.

¿Alguna vez has visto reír a un muerto? ¡Los muertos son muy serios, deben serlo! No se pueden reír. Estaría fuera de lugar.

¡Regocíjate! Regocíjate tanto como puedas, estate cada vez más vivo, tanto como puedas. Para mí, ser religioso significa desbordar de vida, desbordar tan abundantemente que puedas compartir la vida con los demás.

DÍA **81** El amor le dio al hombre el primer destello de divinidad; y desde entonces la gente ha sentido la urgencia de buscar más profundamente. Es a través del amor que descubrieron la meditación. El amor es un fenómeno natural; la meditación es una ciencia deliberada. En el amor estás a merced de los vientos: a veces hay iluminación y a veces no la hay y no puedes hacer nada al respecto.

La meditación hace que el rayo sea controlable; lo puedes encender y apagar. Hace que la electricidad te sirva. La electricidad siempre ha existido, pero estaba más allá de nuestro control; ahora nos sirve de mil maneras. El amor es como el rayo, un fenómeno natural; la meditación lo convierte en conocimiento científico.

Lo puedes encender y apagar. Y, de hecho, no hay necesidad de apagarlo; se puede vivir en el amor 24 horas al día. Y cuando uno puede vivir en el amor 24 horas al día, ¿por qué no lo haría? No vale la pena perderse ni un instante.

Mi mensaje es de amor porque sé que el amor es el único fenómeno que puede ser universal, porque es natural. Se podrá discutir con el cristianismo, con el hinduismo, con el budismo, pero no se puede discutir con el amor.

Una vez que has sentido el amor, la meditación empieza por voluntad propia; así, puedes persuadirte fácilmente de entrar en la meditación. De hecho, ya estás persuadido: el amor seduce a todos hacia la meditación. Y si el amor no te puede seducir hacia la meditación, entonces nada puede. Ésta es la única esperanza, la única promesa. Pero siempre lo logra, nunca ha fallado, no puede fallar. Es inevitable que, tras una profunda experiencia de amor, venga la meditación. Y la meditación abre la puerta del templo de Dios.

DÍA **82** Amar espontáneamente, naturalmente, es ser religioso. La religión no tiene nada que ver con adorar a Jesús o a Buda o a Krishna. No tiene nada que ver con repetir mantras, no tiene nada que ver con todo tipo de rituales que se hacen en las iglesias y templos. No tiene nada que ver con esas estupideces. La verdadera religión es simplemente amor espontáneo, y la sociedad entera se ha vuelto en contra suya.

DÍA **83** El amor tiene su propia forma de conocer. Es totalmente diferente de las formas de la mente. Por ejemplo, si tratas de conocer una rosa a través de la mente, tendrás que diseccionarla, y al hacerlo destruirás su belleza. Conocerás su química, pero te perderás su poesía, que era lo verdadero. Matarás el espíritu y sólo tendrás el cadáver; por lo tanto, ésa no es la forma correcta de conocer una flor.

La forma correcta es la del poeta, la del amante, la del músico, la del danzante. Si eres músico, cantarás una canción, te pondrás en sintonía con la flor que baila al viento, te sentarás en silencio a su lado y tratarás de escuchar su música.

Sí, hay música a su alrededor. Es muy silenciosa, sin embargo está ahí. Y hay poesía. No está escrita en un libro, pero el propio ser de la flor, su murmullo, su danza, su jugueteo con los rayos del sol, todo eso es poesía, alta poesía. Si puedes amar a la flor serás capaz de conocer la poesía, la música, la danza, que son el alma de la flor. Ciertamente, no conocerás su química, pero conocerás su alma.

La existencia tiene que conocerse a través del amor, así conocerás a Dios. Dios no es nada más que existencia que se conoce a través del amor.

DÍA **84** El silencio es música, música pura. La gente zen dice que la última iluminación es como el sonido de una mano aplaudiendo. Si dos manos aplauden, entonces hay choque, conflicto. Cuando sólo aplaude una mano, hay, por supuesto, silencio absoluto, no hay sonido, y ese silencio es la mejor música.

Para mí, el amor es la mejor música. Ni siquiera

necesita al otro. Si se necesita al otro es amor animal, o, en el mejor de los casos, amor humano. Pero cuando no se necesita al otro en absoluto, entonces es amor divino. Ya no es cuestión de relaciones, ni siquiera es cuestión de ser amoroso: te conviertes tú mismo en amor. Entonces tú eres la música, tú eres la canción. Ya no es una cualidad, ya no es una actividad. Es tu propio ser.

Cuando el amor se vuelve tu ser, hay una gran celebración dentro. No hay sonido, no hay instrumentos, pero se oye una música celestial, una música que no es creada: es una música no creada. Estamos hechos de eso, así que, si vamos a lo profundo de nuestro ser, lo encontraremos. Ya está ahí, como una corriente subterránea. De vez en cuando nos percatamos de ella en ciertas situaciones. Al ver un bello atardecer, de pronto te quedas en silencio. No es que practiques ser silencioso ni que trates de serlo, no. Simplemente sucede. La belleza es tan grande, es un sobrecogimiento tal que olvidas parpadear. Es como si el corazón dejara de latir por un instante; por un instante, el tiempo se detiene, la mente se detiene. Todo se detiene: estás en la nada completa. Y luego sientes una gran belleza, un gozo enorme.

Por supuesto, lógicamente crees que viene del bello atardecer. Pero no es así. El bello atardecer puede haber funcionado como detonante. Puede haber detonado un proceso en ti, pero no es su causa. Y cuando entiendes que nada lo causa, simplemente puedes cerrar los ojos y entrar en un silencio profundo en cualquier momento. De eso se trata la meditación: crear una situación independiente del mundo exterior. No se necesita ningún atardecer, ninguna luna llena, ninguna mujer u hombre hermosos, ninguna rosa, ninguna flor de loto. No se necesita nada porque te habrás percatado de que ésos son meros detonantes y de que puedes lograrlo por ti mismo. Sólo entrando en sintonía con el interior inmediatamente empiezas a oír algo; inmediatamente te llenas de algo que no puede expresarse con palabras. Permanece inexpresado, inexpresable, pero el amor se le acerca más. Así que recuerda, el amor se tiene que volver la música de tu vida.

DÍA **85** Si puedes ser un centro del ciclón que crea el amor, entonces tu vida empezará a crecer. Y conforme tu centro se vaya volviendo más profundo con cada reto, conforme te afirmes más, te arraigues más y nada te pueda desarraigar —ningún problema te podrá destrozar y seguirás integrado a pesar de todo tipo de crisis— te sentirás agradecido con el amor porque sólo a través de esos problemas se habrá podido dar la integración.

Entonces empiezas a elevarte más alto que el amor, y eso es lo que significa *gracia*. Cuando amas y el amor no puede ocasionarte ningún problema, entonces ahí hay gracia, inmensa belleza del cuerpo, de la mente, del alma. Y todos están unidos en graciosa armonía. Pero eso no puede suceder si evitas el amor.

Nunca evites al amor ni sus problemas. Enfréntalos, acepta el reto y la contrariedad, pero al mismo tiempo, permanece en calma y en silencio.

DÍA **86** Recuerda tu singularidad. Ámate a ti mismo, respétate a ti mismo, respeta tu propia voz; escúchala y síguela.

Es preferible ir al infierno siguiendo tu propia voz que ir al cielo siguiendo la voz de alguien más, porque ese cielo no será digno de serlo; tú serás sólo un seguidor ciego.

DÍA **87** El amor te hace libre. Entre más ames, más libre serás. Al final, tendrás la libertad de una nube. Una nube es totalmente libre, no tiene forma fija, cambia constantemente, es impredecible. En un momento parece elefante; al siguiente, parece tigre. Uno nunca sabe. En un momento se mueve hacia el este, al otro, hacia el oeste. Es absolutamente libre, no está arraigada en ninguna parte. No tiene raíces en la tierra, por lo tanto, no tiene ancla; no está amarrada, no está obsesionada con nada. El amor es justo así: sin raíces, sin ancla; flota como una nube en libertad absoluta.

DÍA **88** El pasado es una barrera. A menos de que uno sea tan valiente como para morir para el pasado, no podrá ser recompensado por la vida verdadera. Y esa muerte tiene que suceder a cada instante porque a cada instante creamos el pasado. No es que una vez que mueras para el pasado todo haya terminado. 24 horas después, otras 24 horas de pasado te acompañarán. Tienes que morir a cada instante, ¿por qué acumularlos?

Acaba con cada instante para que siempre estés fresco y renovado y en sintonía con la existencia. Para nunca quedar rezagado. Y cuando uno no está rezagado, hay una gran celebración. Entras en una danza con la existencia, en total sintonía, en una especie de resarcimiento. Y eso provoca un festival, un amor, una risa, una canción, una celebración.

DÍA **89** Amor, dicha, meditación, verdad, todo necesita mucha fuerza. Uno tiene que estar completo: por lo general, la gente es sólo fragmentos. Hay miles de piezas, pero no hay integridad. Ser débil significa estar dividido, ser indiviso es ser fuerte. Y cuando eres indiviso, te vuelves, literalmente, un individuo: la palabra *individual* significa indivisible. Trae fuerza, y la fuerza se convierte en la base de la existencia.

Todas las meditaciones son estrategias para unir tus fragmentos, para fundirlos unos con otros, para crear una especie de unidad en ti, para crear un centro en tu ser. Cuando el centro empiece a crecer, tendrás el valor suficiente para entrar en lo desconocido; entonces lo arriesgarás todo. Y la existencia te pide que lo arriesgues todo; sólo entonces podrás ser dichoso, amante, veraz, divino.

DÍA **90** La religión está muerta sin risa. Se llena de vida sólo cuando puedes tener una risa total, una risa apasionada, intensa, para que baile en todas tus células, para que vibre en todo tu ser. Entonces se vuelve algo más grande que tú, y tú eres sólo una pequeña porción de ella; te rodea como un aura y desapareces dentro de ella.

Eso es exactamente lo que pasa con la risa: desaparece tu ego. No desaparece en tu oración; tu oración incluso lo fortalece. El que ora se vuelve más sagrado que nadie. No se alejará por tus autoridades o ascetismo, será más sólido y concreto. Pero cuando sacas una buena carcajada tu ego ya no está ahí. Por un instante se abre una ventana, por un instante el ego no está ahí. Y cuando el ego no está, tú sí estás.

DÍA **91** La oración ha sido muy malentendida. Se ha vuelto parte de creer en Dios; por lo tanto, los que no creen en Dios, no pueden orar. Eso ha privado a millones de personas de orar. Debemos liberar a la oración de la creencia en Dios. De hecho, la oración viene antes y Dios llega después. Dios no es prerrequisito para orar, es una consecuencia de orar. Si oras, te volverás consciente de la existencia de Dios. Entonces no necesitarás creer en Dios.

DÍA **92** La vida es un regalo de la existencia. No nos la hemos ganado; de hecho, ni siquiera la merecemos. Pero somos unas criaturas tan ingratas que ni siquiera surge un agradecimiento dentro de nosotros. No estamos agradecidos por estar vivos; no estamos agradecidos por haber recibido la oportunidad de crecer, de ver, de amar, de reír; de disfrutar la música de la existencia, la belleza del mundo. No estamos agradecidos en absoluto. Al contrario, nos quejamos continuamente.

Si escuchas las oraciones de la gente, te sorprenderás: todas las oraciones son quejas. No surgen del agradecimiento; piden más. Dicen: «Esto no es suficiente». Y, de hecho, nunca será suficiente. El pobre pide, el rico pide, el emperador pide, ¡todo el mundo pide!

Todo el mundo pide más. Eso significa simplemente que, lo que sea que tengas, no será suficiente: «¡Me merezco más! No eres justo conmigo». A esto lo llamo irreligiosidad. Por lo tanto, para mí, todas las oraciones en los templos, mezquitas e iglesias son irreligiosas. La verdadera oración es la del agradecimiento; basta con un simple gracias.

DÍA **93** La oración no tiene nada que ver con lo que en el mundo se conoce como oración. La oración verdadera no es un ritual. La verdadera oración no tiene nada que ver con la iglesia ni con el templo ni con la mezquita: la verdadera oración no es ni cristiana ni hindú ni mahometana. La verdadera oración no tiene nada que ver con palabras, no es verbal. Es gratitud silenciosa. Es una reverencia silenciosa ante la existencia.

Así que, dondequiera que tengas ganas de hacer una reverencia a la Tierra, a los árboles, al cielo, hazla. Esa reverencia te ayudará a desaparecer despacio, despacio.

La oración es uno de los mejores métodos para destruir el ego, y cuando el ego se ha ido, Dios permanece. El ego está escondiendo a Dios en una nube oscura. Cuando la nube se va, el sol brilla en toda su gloria, belleza, grandeza, esplendor.

DÍA **94** La gente ora por miseria. Oran porque son miserables y creen que podrán salir de la miseria a través de la oración. En el mejor de los casos, ese tipo de oración puede servir de consuelo, pero no puede sacarlos de la miseria. Se asentarán y ajustarán en su miseria, lo cual es realmente peligroso. Las llamadas religiones funcionan de esa forma: te ayudan a ajustarte a todo tipo de miseria.

Por eso en Oriente verás a la gente vivir en todo tipo de miseria, sin rebelarse, sin intentar mejorar su vida. Esto se debe a las llamadas religiones; se han ajustado a todo, han olvidado por completo que la vida puede ser distinta. Han aceptado la vida como es.

Ésa no es una buena situación: frena la evolución.

Por lo tanto, nunca sugiero orar cuando uno está en la miseria. La oración sólo debe darse cuando estás alegre, dichoso; cuando puedes bailar y cantar, cuando puedes regocijarte. Entonces orar es un gran salto a lo desconocido porque te ayuda a confiar en la existencia. Orar es confiar. Es una relación de amor con el todo, con los árboles y las estrellas y las montañas y todo lo que es.

DÍA **95** Respira la oración, vive la oración, ama esta bella existencia. A través del amor te volverás consciente de la inmensa presencia de la divinidad. Y repito: no de Dios, sino de la divinidad.

DÍA **96** La oración tiene que ser algo absolutamente individual. Tiene que ser espontánea, no debe ser aprendida. Una oración aprendida es una oración falsa. Estarás repitiendo como perico. No tiene sentido, no tiene caso, son palabras vacías. Pero cuando surge una oración en tu corazón, cuando tiene algo de ti, entonces tiene una gran importancia. Ya no es «…un cuento contado por un idiota, lleno de ruido y de furia, que no tiene ningún sentido». Tiene un significado y una música inmensos.

Tenemos que aprender a comunicarnos con la existencia. Habla con las estrellas, habla con los ríos, habla con los árboles, habla con las piedras. Y no tengas pena: así es como se ha manifestado la existencia. Todo lo que es, es una manifestación de la existencia. Empieza comunicándote con la existencia manifiesta y sólo entonces podrás comunicarte algún día con lo no manifiesto. Empieza con lo visible y luego podrás dar un salto sustancial a lo invisible. Háblale a la tierra, háblale al pasto.

Quizá al principio no parezcas religioso en absoluto, pero el solo hecho de decirle hola al árbol tiene algo hermoso en sí mismo, algo espiritual, algo sagrado: reconoces el espíritu de un árbol, reconoces la presencia del árbol, no la ignoras. Y si sólo puedes aprender una cosa, a no ignorar la existencia en todas sus manifestaciones, entonces la ignorancia desaparecerá y surgirá la sabiduría, surgirá de tu centro más profundo.

DÍA **97** La travesía inicia en el amor y termina en la luz, o en la iluminación. Y el puente es la oración.

Toda la peregrinación de la ignorancia a la sabiduría no es más que una peregrinación de oración. Oración significa: «Soy tan pequeño que nada es posible por medio de mí, a menos de que el todo me ayude». La oración es la rendición del ego ante el todo; rendición no desesperada, sino en comprensión profunda. ¿Cómo podría ir la pequeña ola contra el océano? El mero esfuerzo es absurdo. Pero eso es lo que está haciendo la humanidad entera.

Todos somos pequeñas olas en el vasto océano de la consciencia. Llamemos a ese océano Dios, verdad, iluminación, nirvana, Tao, dharma, todo eso significa lo mismo, que somos parte de un océano infinito. Pero somos olas muy pequeñas; no podemos tener nuestra propia voluntad y no podemos tener nuestro propio destino. El mero deseo de tener nuestra propia voluntad y de alcanzar algunos de nuestros propios deseos es la causa de la miseria.

Orar significa que, al entender la futilidad de la

voluntad humana, uno se rinde ante la voluntad divina. Uno dice: «Hágase tu voluntad, venga a nosotros tu reino». Eso sólo es posible si hay un gran amor por la existencia. Por lo tanto, yo digo que la travesía empieza en el amor y termina en la iluminación. Y la mitad de la travesía consiste sólo en orar, en un profundo desprendimiento.

DÍA **98** Que tu trabajo sobre ti mismo sea sentirte más y más agradecido. La gratitud es la esencia de la oración y es posible sólo cuando ves que todo es un regalo, cada respiración es un regalo. ¡Y qué regalo! Tan valioso que no hay forma de comprarlo. No tiene precio.

No puedes comprar la vida; no puedes comprar el amor; no puedes comprar la sensibilidad estética; no puedes comprar la creatividad; no puedes comprar la inteligencia; pero todo eso nos fue dado. Incluso antes de pedirlos, ya te los habían dado. Basta una pequeña búsqueda dentro de ti para encontrar tesoros y más tesoros.

DÍA **99** La oración no tiene que ser solamente verbal. Una oración verbal es un pseudofenómeno; finge ser oración, pero es plástico. No es una flor real. La oración real no tiene nada que ver con el lenguaje porque Dios no entiende de lenguaje. Hay tres mil lenguas en la Tierra y los científicos dicen que hay cincuenta mil Tierras con vida. Imagínate, Dios se volvería loco si tuviera que entender tantas lenguas. Dios sólo entiende una lengua y es la lengua del silencio.

El silencio no es ni alemán ni inglés ni francés. Cualquiera que entre en el silencio deja de ser parte de toda nacionalidad, todo grupo lingüístico, toda raza, toda religión. El silencio no conoce límites, es infinito; y estar en silencio es estar en oración.

DÍA **100** La oración está por todo el espacio. Las estrellas oran, los árboles oran, los océanos oran. Excepto el hombre, toda la existencia está siempre en estado de oración; sólo el hombre necesita acercarse conscientemente. Y es por cierta razón: el hombre es el único animal consciente, por lo tanto, puede elegir. Puede salirse del flujo natural de la existencia, o puede volverse parte de él. Ningún otro animal tiene esa libertad. Los pájaros en la mañana no cantan por decisión propia, cantan simplemente por instinto. Los árboles oran y las montañas oran, pero su oración es sólo un fenómeno natural.

La dignidad del hombre es que puede elegir orar, pero eso también puede representar su caída, porque también puede elegir no orar. El hombre siempre está en una encrucijada: a cada paso hay una decisión que tomar, a cada paso puedes acertar o equivocarte. Cuando te enfrentes a la tristeza o a la alegría, siempre escoge la alegría. Cuando te enfrentes a la seriedad o a los juegos, siempre escoge los juegos. Y recuerda: nos convertimos en lo que escogemos. Es sólo cuestión de decisión.

DÍA **101** No hay grandes cosas en la vida: la vida está formada de cosas pequeñas. Pero si sabes cómo regocijarte en ellas, las transformarás en grandes cosas. En las manos de un buda, incluso el agua común se vuelve vino. Ése es exactamente el significado del milagro que se dice que hizo Jesús: que convirtió el agua en vino. Sólo los tontos creen que es verdad literalmente. Es verdad simbólicamente.

En manos de Jesús, el agua es vino. Te puedes emborrachar con agua sola, pura. Depende de cómo bebas. No depende de la bebida, depende del bebedor. Te lo digo por experiencia. Yo no mezclo whiskey con soda, yo mezclo soda con soda, y funciona.

DÍA **102** Ha habido dos tipos de religión en el mundo: las religiones de meditación y las religiones de oración. Y han existido como enemigas; han dividido a la humanidad entera.

Por ejemplo, el budismo es una religión de meditación, el cristianismo es una religión de oración, y hasta ahora, no ha habido puentes entre ellas. No sólo han dividido a la humanidad, han dividido a cada ser humano en dos partes: la totalidad del hombre necesita satisfacerse en su totalidad. Tiene dos aspectos en su ser.

Uno se satisface con la meditación, otro se satisface con la oración, y si uno se aferra a una en contra de la otra, entonces sigue siendo una simple mitad. Por lo tanto, antes, el llamado hombre sagrado no era realmente sagrado, porque no estaba completo. Es por esta división esquizofrénica que la religión no ha podido crear la revolución de la que es capaz.

Mi intención es crear un puente.

DÍA **103** La oración no tiene nada que ver con la religión; es básicamente el enfoque del artista. La oración es un fenómeno estético, no es un fenómeno religioso. Pero si empiezas a sentirte agradecido con la existencia, despacio, despacio, te sorprenderás de que una presencia que nunca habías sentido empieza a rodearte. Sólo un corazón agradecido empieza a sentir la vibra. Esa vibra es Dios. Dios sólo entra en una etapa posterior, pero entra como una experiencia, nunca como creencia, siempre como experiencia. Entonces Dios es liberación, entonces Dios es nirvana.

Pero empieza orando. Nunca empieces con Dios porque ese Dios será falso. Y si crees en un Dios falso, tu oración será falsa. Primero ora lo más profundo posible, tan sincero como sea posible, y entonces Dios vendrá por voluntad propia. A mí no me preocupa Dios, a mí me preocupa, ciertamente, la oración.

Si la gente no ora, entonces no hay posibilidad, no hay esperanza. Si Dios está muerto, no es nuestro problema. Pero si la oración está muerta, ciertamente es de gran preocupación, porque sin oración, todo lo bello, todo lo grande, se habrá perdido. Así que aprende a orar.

DÍA **104** El amor es una flor, y la más bella de todas. Es invisible porque crece en el corazón, pero su fragancia se siente incluso desde fuera. Se abre en el corazón, pero su fragancia sigue esparciéndose; alcanza a otras personas. Tiene tanta fragancia que puede llenar la existencia entera. Cuando surge un hombre como Jesús o Buda, cuyo corazón se ha convertido en una flor de amor, toda la existencia está bendecida.

DÍA **105** Meditación significa un estado de consciencia sin pensamientos. De cierta forma, es negativa; rechaza los pensamientos y crea un estado de silencio dentro de ti.

El silencio es hermoso, pero le falta algo. Le falta música, no tiene poesía, no tiene danza. Es una especie de silencio muerto; no surge ninguna canción de ahí.

Orar significa que el corazón está lleno de amor. Es un enfoque positivo. La oración puede bailar, cantar, la oración puede ser una celebración, pero sin meditación, toda esa celebración es superficial, ruidosa. Sí, hay gran vida en ella, pero esa vida es infantil, no es madura.

La madurez viene a través de la meditación, la alegría viene a través de la oración. Encontrar el centro viene a través de la meditación, bailar viene a través de la oración. Un hombre que puede permanecer centrado y aun así bailar está realmente bendecido; aquél que puede convertirse en el centro del ciclón.

DÍA **106** La vida tiene muchas cosas hermosas, pero nada se compara con la belleza de la meditación. Hay muchas flores bellas y estrellas hermosas y amaneceres y atardeceres y gente hermosa, pero la flor de la meditación, la estrella de la meditación, el amanecer de la meditación, son incomparables. Te conducen al mundo de la divinidad, te llevan más allá de tus proyecciones mentales. Una vez que sabes lo que es la meditación, una vez que has probado su néctar silencioso, entonces cualquier cosa que veas se transforma con tu mirada. Los mismos árboles, las mismas aves, la misma gente ya no son los mismos. Todo parece ser luminoso, tan lleno de jugo, tan lleno de vida eterna: te encuentras rodeado de dioses y diosas.

Entonces vale la pena vivir la vida. Entonces cada

instante es un gozo tal y un regalo tal que estás constantemente agradecido. Ese agradecimiento es oración. La oración es la fragancia de la meditación. No se puede orar si no se ha meditado.

DÍA **107** La verdadera alabanza surge de entender cuánto te ha dado la existencia. Surge de la experiencia de la belleza que te rodea: las estrellas, el sol, la luna, las flores, los arcoíris, las nubes, la gente. Tu propio ser, todo ese milagro, todo ese universo misterioso te ha sido dado. No lo mereces; no es más que un regalo, pero ni siquiera le has agradecido a Dios por ello.

Cuando te vuelves consciente de ese enorme regalo, surge una gran alabanza en tu corazón. Esa alabanza no pide nada. De hecho, es un agradecimiento, una gratitud: es oración. Por lo tanto, tiene una gran belleza. Sólo tal alabanza es religiosa, sólo tal alabanza es oración. De ninguna forma estás tratando de usar a Dios, simplemente le estás agradeciendo todo lo que ha hecho.

Simplemente le estas diciendo: «No merezco esto. Me has dado tanto que no puedo contenerlo. Tu amor es inmenso». Esta alabanza surge en el corazón como un perfume y empieza a elevarse a los cielos. Y es la única oración que se oye, ninguna otra oración alcanza a Dios.

El milagro es que sólo ese hombre será bañando con más y más dicha, aunque no lo haya pedido. Su gratitud lo hace capaz de recibir más. Su apertura lo hace capaz de absorber más belleza, más gozo, más música. Todo su ser se convierte en un jardín de flores.

DÍA **108** Para mí, la única forma de alabar a Dios es siendo dichoso. No necesito expresarlo verbalmente; de hecho, no puede ser verbal. Las palabras son tan fútiles, tan vacías, que no lo pueden contener. Hay que alabar a Dios existencialmente. Cada fibra de tu ser tiene que latir con gozo, cada célula de tu ser tiene que danzar en oración. De hecho, tú mismo te vuelves oración. Sólo entonces estarás en oración. Entonces nada estará dicho y todo estará dicho. No se necesita ir a la iglesia ni a la sinagoga ni al templo. Entonces, donde sea que estés, serás dichoso, por la sencilla razón de que Dios te ha escogido para serlo, porque él te ha creado. Goza que te haya dado la oportunidad de ver la belleza del mundo; de ver esta misteriosa existencia, de ser parte de ella, de participar de ella, de beber de ella, de embriagarte de ella. Las palabras son muy pesadas. Regresan a la Tierra, no pueden ir más allá de la Tierra. Sólo un gozo silencioso puede penetrar la realidad última.

Así que sé alegre, dichoso. Y cuando tengas ganas de orar, baila, canta. Olvídate de Dios. No es cuestión de dirigirse a él ni de hablarle, eso no tiene sentido. ¿Qué se le puede decir a Dios? ¿Qué hay que decirle, excepto que sí? Y eso sólo se puede decir con la danza, no se puede decir con palabras. Las palabras son muy inadecuadas, tienen limitaciones. Son buenas para el uso mundano, pero cuando empiezas a ir al otro mundo, al mundo del más allá, se vuelven absolutamente irrelevantes.

DÍA **109** La alabanza es el fundamento mismo de la oración. Cualquiera que pueda alabar tiene el corazón listo para saltar a la oración. Es difícil alabar, es fácil condenar.

Es fácil condenar porque el ego se nutre de condena. Con la condena reduces a la gente a ser menos que tú; tú te elevas, te vuelves más sagrado, superior. Así es como existe el ego: siempre reduce a todos a un estatus inferior.

Alabar significa elevar al otro más alto que tú. Es veneno para el ego. Si alabas a todo y a todos, si todo el universo se vuelve objeto de tu alabanza, el ego desaparece. Y la desaparición del ego te pone a disposición de Dios. Sólo cuando el ego se ha ido por completo, Dios puede descender en ti. El ego tiene que desalojar el corazón, sólo entonces Dios podrá entrar.

Dios significa el todo.

DÍA **110** Alaba la belleza que nos rodea a todos, pero de la que no somos conscientes. Alaba al amanecer, al atardecer, a las estrellas, a las nubes, a los árboles, a la gente, porque todos ellos son manifestaciones de la existencia.

Conviértete en una canción de alabanza. Mira con los ojos de la alabanza. Deja de ser crítico; ser crítico es una forma segura de perderse de todo lo que es significativo.

Sé creativo, no seas crítico. Y uno sólo puede ser creativo si sabe alabar. La creatividad surge de esa misma alabanza. Empiezas a compartir tu ser. Y cuando veas la belleza, el esplendor de la existencia, querrás hacerlo un poco más bello. Sólo un poquito más. Así es la creatividad. Es un intento por hacer la vida un poco más bella, sólo un poquito más.

Así nació la creatividad. Es un intento por hacer la vida un poco más hermosa, por traer una pequeña sonrisa, una pequeña risa, un poco de alegría, un poco de amor a la existencia, para dejar la existencia un poco mejor que como la encontramos. De eso se trata la creatividad, de ayudar, de contribuir a embellecer la existencia. Y eso es la verdadera adoración.

DÍA **111** La vida es un regalo. Pero somos tan inconscientes de ello que nunca le agradecemos a la existencia, no sentimos ninguna gratitud. Se nos da tanto y, aun así, nos seguimos quejando. Seguimos pidiendo más y más. Y la miseria de la mente es que, entre más le des, más te pide. Se vuelve más exigente, más terca, más arrogante, más violenta, más agresiva, y ése no es el camino hacia la dicha. Es el camino del infierno.

El camino hacia la dicha es la gratitud, el agradecimiento. Siéntete agradecido con la existencia. Ha dado tanto. No pidas más, y más se te dará. Pide, y jamás se te dará. Sólo se les da a los que son agradecidos. En la gratitud se vuelven receptores. En la gratitud se vuelven valiosos. Pide y perderás. Nunca le pidas nada a la existencia. Síguele agradeciendo todo lo que ya ha hecho, y te sorprenderás de haber encontrado la clave. Podrás tener la existencia entera sin pedir nada.

DÍA **112** La gente da por sentada la vida, por lo tanto, no hay gratitud en ellos. Y sin gratitud no hay crecimiento, sin gratitud no hay religión, sin gratitud no hay oración. La religión empieza en la gratitud y termina en la gratitud. Es una travesía de gratitud a gratitud. En el principio es una semilla, y al final se convierte en flor. Pero lo más importante es que la vida no debe darse por sentada. No nos la hemos ganado, es un regalo. Es un hecho muy simple y obvio.

Quizá, como es tan obvio, la gente tiende a olvidarlo.

La religión no empieza en la creencia de que Dios existe, empieza en esta consciencia de que la vida es un regalo. No sabemos de quién —eso lo tenemos que investigar— pero una cosa es segura, es un regalo. Alguna fuerza desconocida, alguna fuerza misteriosa te ha dado lo más valioso.

Y cuando se cristaliza este sentimiento en ti, empieza la búsqueda. La divinidad no está muy alejada de la gratitud.

DÍA **113** Desde este momento, empieza a ver todo como una bendición. Y cuando digo todo, me refiero a todo. Incluso cuando sientes dolor, es una bendición. Quizá no lo entiendas, pero es una bendición. Un día lo entenderás y verás que era una bendición, que era necesario, absolutamente necesario, que te ayudó a crecer. Incluso sufrir es una bendición. Te limpia, te ayuda a integrarte, se lleva la infantilidad, te ayuda a madurar. Del sufrimiento surge cierta madurez. Un hombre que nunca ha sufrido sigue siendo infantil, inmaduro, superficial. No puede entender lo profundo de la vida. Cree que la vida es un carrusel, va pasando de una sensación a otra. Siempre está hambriento y ansioso por todo tipo de juguetes. Pero son juguetes.

Un hombre que ha sufrido lo suficiente madura. Sabe que los juguetes son juguetes, que no vale la pena luchar por ellos, preocuparse por ellos. Entiende la profundidad y ve la vida de los demás con más empatía, con más compasión, con más amor. Como ha sufrido, sabe lo que es el sufrimiento. Eso lo hace más humano. Así que el sufrimiento también es una bendición.

Mira, observa y trata de encontrar una bendición en todas partes. A veces está disfrazada, a veces no, a veces está totalmente desnuda. Pero si observas, te darás cuenta de que siempre está ahí; en el éxito, en el fracaso, en el dolor, en el placer, en la vida, y también en la muerte. Está presente en verano, en invierno, en la juventud y en la vejez. Está en la salud y está en la enfermedad. Llamo religiosa a la persona que puede ver bendiciones en todas partes, que no encuentra ningún lugar, ningún punto que no sea una bendición.

DÍA **114** Adora la naturaleza. Entrar a la iglesia es entrar a algo artificial. Ve al bosque, al río, al océano. Entonces estarás en un lugar hecho por Dios, y Dios está más cerca de ti cuando tú estás más cerca de su creación. Adorar su creación es la única forma de adorarlo a él. Él es invisible, pero su creación es visible. Su creación tiene que convertirse en el puente.

Adorando su creación, despacio, despacio, te volverás consciente de su gran presencia. Está presente alrededor de un árbol, de una piedra, de un hombre, de una mujer. Pero primero adora, porque adorar te ayudará a ver la presencia, la invisible presencia. Se vuelve casi visible, casi tangible. La puedes tocar.

Y cuando seas capaz de sentirla profundamente, te transformará. Te volverás parte de ella; te fundirás y te fusionarás con ella.

DÍA **115** La existencia se preocupa por todos. Si la existencia no nos amara, no podríamos existir ni un instante. Va vertiendo la vida en nosotros. La existencia nos estima inmensamente, aunque la demos por sentada: ahí radica nuestra estupidez. Si damos por hecho la existencia, no hay gratitud. Creemos que la merecemos. Creemos que es nuestro derecho; de hecho, creemos que no obtenemos tanto como merecemos, por lo tanto, hay un trasfondo de quejas. Ése es el estado del hombre irreligioso.

El hombre religioso siente gratitud, una gratitud inmensa. Está agradecido simplemente por ser. Y una vez que empiezas a sentir agradecimiento, hay mil y una cosas por las cuales sentirse agradecido. Y entre más agradecido estés, más regalos llegarán.

DÍA **116** El universo es una gran armonía; todo encaja con todo lo demás. Es un milagro inmenso, tan vasto, inconmensurable, infinito, y aun así todo encaja con todo lo demás, absolutamente. Excepto el hombre. El hombre es la única oveja negra de la existencia. Y la razón por la que el hombre no encaja es porque se le ha concedido un gran regalo: el regalo de la consciencia.

Todo lo demás tiene que encajar. Es simplemente natural encajar con el universo. El hombre tiene que decidir si estar en sintonía o no. Y el hombre tiene libertad de elección. Es un gran regalo, pero puede ser mal utilizado; millones de personas lo utilizan mal. Deciden no estar en sintonía con la existencia. Escogen el conflicto con la existencia, la lucha con la existencia. Obviamente, sufren por ello, tienen que sufrir…

No puedes luchar contra el todo; el todo es demasiado vasto, demasiado grande. Es como si una gota de rocío luchara contra el océano. Es estúpido, una estupidez total, pero es lo que el hombre ha decidido. El ego sólo es una gota de rocío luchando contra la existencia, tratando de conquistar el universo.

DÍA **117** Tenemos que vivir en la tierra como si viviéramos en el paraíso; entonces seremos capaces de entrar al paraíso. Aquéllos que ya están en el paraíso serán capaces de entrar al paraíso, nadie más. Aquéllos que ya probaron la dicha, son dignos de ella.

Esta tierra, esta vida es una oportunidad para estar tan alertas, tan sensibles, tan armoniosos que podamos empezar a sentir la dicha en todas partes, que podamos empezar a sentir la danza de la existencia, y no sólo sentirla, también volvernos parte de ella; disolvernos en ella.

DÍA **118** La belleza es natural, la fealdad es antinatural. La belleza es tu naturaleza interna y la fealdad es algo externo. Por eso nadie quiere ser feo. Pero por la inconsciencia, todo el mundo tiene que ser feo. Todos quieren ser hermosos, pero como no saben cómo serlo, las personas se siguen pintando el rostro, cortándose el pelo, probándose éste y aquel vestido, haciendo dietas y todo tipo de cosas, sólo para ser hermosas. Pero no saben que eso no va a ayudar mucho.

La belleza es algo interno. Una vez que se descubre, empieza a irradiar de tu cuerpo, de tu mente, de todo lo que eres. Una vez que tu belleza interna haya salido, todo se embellece.

DÍA **119** Si puedes cantar un poco, si puedes compartir un poco tu alegría, si puedes expresar tu ser un poco, es suficiente; de hecho, es más que suficiente.

Somos muy miserables, no compartimos. Ésta es la mayor calamidad que le podía haber sucedido a cualquier hombre, y le sucedió a la humanidad entera. Estamos educados de tal manera que nos volvemos miserables. Incluso si damos, damos de muy mala gana, y cuando damos, damos sólo en términos de negocios. Eso no es compartir. Sólo damos para obtener más, siempre es una negociación. No es dar de verdad.

Dar de verdad es el puro gusto de dar, sin motivación alguna; no como medio, sino como fin. Entonces la vida se vuelve una canción. Si puedes amar sin razón alguna, si puedes ser amigable incluso con extraños... Y todos son extraños. Puedes haber vivido con una persona durante diez años, y aun así, son dos extraños los que han vivido juntos diez años, eso es todo. La extrañeza nunca desaparece; no hay forma de destruirla. Y es buena porque le da individualidad a cada persona, le da singularidad, imprevisibilidad. Da sin reservas todo lo que puedas. A eso me refiero con una cancioncita. No te la guardes, exprésala. Como los pájaros en la mañana: no les importa si alguien los oye o no, no les importa la audiencia, no cantan para obtener nada a cambio. Simplemente cantan por alegría. El sol ha salido, la mañana ha regresado, la noche terminó y son todo canto, todo danza.

Ésa es la verdadera forma de vivir: cada momento como un regocijo de vida, y compartiéndolo con lo que sea que te encuentres; con un árbol, con un animal, con una piedra. Comparte.

DÍA **120** La existencia es como un océano y nosotros somos olas danzando en el sol, cantando en el sol, apareciendo y desapareciendo una y otra vez. No hay nacimiento, no hay muerte, somos eternos.

Superficialmente parece que una ola nace y luego muere, pero es sólo superficial porque siempre es la misma. A veces es manifiesta, a veces se eleva hacia el sol con un profundo anhelo de tocar el cielo, de alcanzar las estrellas, y al instante siguiente se relaja dentro del océano, descansa. Muerta en el descanso. Y cuando se acaba el descanso, la ola vuelve a surgir. Es la eterna recurrencia; regresamos una y otra y otra vez. La muerte no debe asustarnos porque la muerte es falsa y, naturalmente, el nacimiento es falso también. Existíamos antes del nacimiento y existimos después de la muerte.

Cuando empiezas a sentirlo, no a creerlo, sino a experimentarlo, todo el miedo desaparece. Y la energía involucrada en el miedo se libera y se convierte en amor. Es la misma energía que la que se convierte en miedo. Cuando el miedo ya no está, se libera una enorme energía que se convierte en amor. Empieza a irradiar a través de ti y alcanza a otras personas. Empiezas a desbordar amor.

DÍA **121** La vida es una oportunidad, una oportunidad de realizarte. Es posible perderla, y muchos lo hacen; muy poca gente aprovecha la oportunidad. Los pocos que la aprovechan son los que entran en su mundo interior. Seguir preocupándose por el dinero, el poder y el prestigio es un total desperdicio. Nuestra principal preocupación debería ser saber «¿Quién soy?», y no contentarnos hasta que lo sepamos. Toma una gran decisión en el centro más profundo de tu ser: «Tengo que lograrlo», porque esa misma decisión se convierte en semilla.

DÍA **122** La vida es una travesía, una peregrinación. No es estática, es dinámica. Siempre se está moviendo hacia lo desconocido. Pero a causa de nuestro miedo, nos aferramos a lo conocido y no dejamos que la vida se mueva; no le damos suficiente libertad para correr hacia lo desconocido, para ir a bailar hacia el océano. Es como un río, pero lo convertimos en estanque. Y convertirse en estanque es una muerte. Seguir siendo río es seguir vivos. Los estanques nunca llegan a ninguna parte. Sólo se desecan; se van volviendo más lodosos y sucios y apestan porque están estancados. No pueden mantenerse frescos, no pueden mantenerse puros. El río se mantiene puro, fresco, fluctuante. Y hay gozo porque siempre hay una sorpresa esperándote, hay asombro: «¿Qué sucederá después?».

La vida es una sorpresa a cada instante, una sorpresa infinita, un suspenso infinito, un misterio que no conoce principio ni fin.

DÍA **123** El hombre sólo piensa que muere: la muerte es una falacia. Nadie ha muerto nunca y nadie ha nacido nunca. El nacimiento y la muerte son episodios de la vida eterna. El nacimiento no es el inicio y la muerte no es el fin: estabas antes de nacer y estarás después de morir. Recordarlo, darse cuenta de ello, es todo el propósito de la religión. Experimentar la inmortalidad es la única forma de deshacerse de todos los miedos y las ansiedades porque están arraigados en el miedo a la muerte. Cuando sabes que no existen ni la muerte ni el nacimiento, estás libre del temor, estás libre del infierno. Estás libre de todo tipo de pesadillas. Se instala en ti una gran paz; y no es la paz de un cementerio, es la paz que canta y baila y celebra. Es una paz llena de vida.

DÍA **124** La meditación es sólo una forma, un método, una técnica para descubrir tu camino de regreso a casa. Está dentro de ti. Siempre ha estado ahí y siempre estará ahí. Podrás seguir vagando por todos lados, pero seguirás en la oscuridad a menos de que regreses a tu propio ser, a menos de que mires hacia adentro y veas tu propio ser. Cuando ves tu propio ser, todo es luz. Y desde ese momento, ya no hay oscuridad, ya no hay ceguera. Todo es tan claro como puede ser. Todos los problemas desaparecen. La vida se convierte en una celebración total.

Medita más y más. Esfuérzate para que siempre que tengas tiempo se lo dediques a la meditación. La primera preferencia debe ser la meditación.

DÍA **125** Los que tienen conocimiento tendrán que dejar su conocimiento de lado si realmente quieren volverse sabios. No es la ignorancia la que obstaculiza la sabiduría, es el conocimiento; por lo tanto, el conocimiento es la verdadera ignorancia. Lo primero que tienes que aprender como sannyasin es que todo lo que sabes no es conocimiento real; no es tu conocimiento, por lo tanto, no es conocimiento real. Déjalo de lado —es pura basura— para que puedas saber.

Estás viendo a través de ojos ajenos, ¿cómo puedes ver? No puedes ver a través de mis ojos; es imposible. Tienes tus propios ojos para ver. Y no sólo es cierto para los ojos externos, también para los ojos internos. No puedes vivir de prestado y eso es lo que está haciendo la gente. Por eso su vida es sólo imitación, copia al carbón. No tiene belleza, no tiene gozo. No puedes ver ninguna danza ahí, ninguna celebración. Sólo las danzas y los cantos originales, porque sólo cuando eres original puedes regocijarte.

DÍA **126** Cada ser es único. Dios nunca crea copias al carbón, siempre crea originales. Sólo cree en el original. Es un verdadero creador, nunca repite. Pero el hombre va y vive en imitación. Tratamos de ser alguien más, que es imposible. Hagas lo que hagas, vas a fracasar. Solo puedes ser tú mismo: no hay otra posibilidad. Pero tratamos de ser alguien más. Ésa es toda la historia de nuestro fracaso, la tragedia de la vida.

Mi trabajo es ayudarte a respetarte a ti mismo, a amarte a ti mismo, a aceptarte a ti mismo y a ser tú mismo, porque ser tú mismo es la única posibilidad. No puedes ser de otra forma. Y no es necesario ser de otra forma: Dios te ha creado único. No te estoy dando un carácter ni un estilo de vida determinados, sino un entendimiento, una consciencia para que puedas escoger tu estilo de vida, para que puedas vivir en tu propia luz. Y cuando empieces a vivir en tu propia luz, la dicha será tuya.

DÍA **127** Prepárate para el día; el amanecer ha tocado la puerta. Sal del sueño. Deja de esconderte bajo una sábana, por más cómoda que esté y por más que tu mente diga: «Voltéate otra vez, un ratito más, unos minutos».

No escuches a la mente porque esos pocos minutos

no acabarán jamás; la mente siempre está posponiendo. Quiere que sigas dormido porque la mente sólo puede existir cuando estás dormido. Cuando estás despierto, la mente desaparece, al igual que los sueños desaparecen cuando estás despierto. La mente es un fenómeno del sueño, hecho de lo mismo de lo que están hechos los sueños. Así que deja de posponerlo, ¡despierta!

DÍA **128** Dios es oceánico, infinito, ilimitado. Nos hemos separado de Dios porque nos hemos identificado con los límites, con los límites del cuerpo y los de la mente. Esos límites nos están manteniendo alejados. Simplemente deshazte de los límites. No estoy diciendo que te deshagas de tu cuerpo; el cuerpo es perfectamente bueno, úsalo. Es tu casa, vívela. Pero no creas que eres el cuerpo. Estás en el cuerpo, pero no eres el cuerpo. Estás en la mente, pero no eres la mente. Y cuando te desidentificas con esos límites, de pronto la gestalt cambia, te empiezas a sentir ilimitado. Y eso es la divinidad. Te empiezas a volver oceánico, vasto.

Entonces no es necesario buscar a Dios en ningún lugar: te conviertes en él. Y ésa es la única forma de conocer a Dios. La única forma de conocer a Dios es convertirte en Dios. No hay otra forma. No se puede conocer a Dios sin convertirse en Dios.

DÍA **129** Eres divino y sin forma. Dios no es algo cuantitativo, Dios es sólo una cualidad. Dios no es algo material. Es sólo una presencia. No es como una flor, es más como una fragancia. Podemos sentirlo, pero no podemos asirlo. Lo podemos disfrutar, lo podemos amar, podemos bailar con él, pero no podemos poseerlo. No lo puedes meter a un banco, no lo puedes atesorar, porque Dios no es propiedad de uno. Ése es el significado de lo sin forma.

Nunca pienses en Dios como una persona. Piensa en él sólo como una presencia que rodea toda la existencia. Y entonces no habrá necesidad de acudir a ningún templo, a ninguna estatua. Estés donde estés, puedes hacer una reverencia de profundo amor y gratitud, estarás conectado con Dios. Cuando tu corazón esté lleno de agradecimiento y entrega, estarás conectado con Dios.

DÍA **130** Alcanzar esa flama interior es un camino realmente arduo, con muchas trampas. Al moverse en la oscuridad, uno se tropieza; al moverse en la oscuridad, uno se golpea; al moverse en la oscuridad, uno se cae y tiene que levantarse.

Necesitas apoyo constante, ánimo firme, alguien que evite que huyas y te escapes. Ésa es la función del maestro, tomarte de la mano, decirte: «No tengas miedo, la meta no está lejos. Está a la vuelta de la esquina». Nunca está a la vuelta de la esquina, recuerda. Pero el maestro siempre dice que está a la vuelta de la esquina. Y un día, ¡sí está! Pero tienes que esperar ese día, tienes que ser paciente.

DÍA **131** El hombre mediocre vive según los demás; las personas inteligentes son las que viven según su propia luz. Sea cual sea el riesgo, son capaces de correrlo porque confían en su propia inteligencia. Saben que entre mayor sea el reto, mayor será su inteligencia; por lo tanto, aceptan el reto. Viven en peligro porque la inteligencia sólo crece en el peligro, en la inseguridad. Cuando no hay peligro ni inseguridad, la inteligencia muere. A eso me refiero con una persona mediocre: una que ha dejado morir su inteligencia, que ha permitido que su inteligencia se oxide. La meditación es la forma de afilar tu inteligencia cada vez más. Y entre más inteligencia tengas, más cerca estarás de la existencia.

DÍA **132** La vida es como una pesadilla: si sufres en una pesadilla, lo único que necesitas es poner toda tu energía en despertarte. No necesitas nada más. Si te está persiguiendo un león, no necesitas matar al león, porque no hay ningún león. Si te está aplastando una roca, no necesitas quitarla. Podría ser sólo tu propia almohada. ¡Lo único que necesitas es despertar!

DÍA **133** La vida es un regalo, pero muy pocas personas lo reconocen porque Dios sigue dando vida sin ningún alarde. La da tan silenciosamente que nunca nos damos cuenta de que se nos ha dado algo precioso. Y Dios no espera que le agradezcamos. No hace aspavientos. Ni siquiera susurra: «Te estoy dando lo más precioso de la existencia: la vida, la consciencia, el amor». Él realmente sabe dar. Ése es el arte de dar: la persona a la que se le da el regalo no debe saberlo; de otra forma, sería un tanto humillante, podría sentirse avergonzada.

Por lo tanto, Dios da de forma anónima, de forma tal que la gente que reciba nunca se percate del regalo, a menos de que haga un esfuerzo deliberado para despertarse.

Sannyas es un esfuerzo deliberado por estar consciente de lo que se nos ha dado. Y si te vuelves consciente, te vuelves capaz de recibir más. Si te vuelves agradecido, te vuelves digno de recibir más.

La persona que le agradece a Dios por todo lo que le pasa recibe cada vez más, porque un corazón agradecido se vuelve cada vez más abierto, un corazón agradecido se vuelve cada vez más receptivo. Recuérdate constantemente que todo es un regalo. Todo lo que te ha pasado es un gran regalo, todos los dolores y placeres, todas las agonías y los éxtasis, todos los altos y bajos. Todo es hermoso porque todo contribuye a tu crecimiento, a tu florecimiento final.

DÍA **134** Dios no tiene forma, ni nombre, ni definición. Dios es indefinible, indescriptible, inexpresable. Por lo tanto, todo lo que se haya dicho sobre Dios está equivocado. En el momento en que se dice, se vuelve incorrecto.

Uno sólo puede tener razón sobre Dios si permanece en silencio. Pronuncia una sola palabra y habrás perdido el punto. No puede decirse nada sobre Dios, pero Dios puede ser una experiencia. No hay prueba, no hay certeza lógica, pero hay algo existencial.

DÍA **135** La travesía hacia uno mismo necesita mucha paciencia. Pero nos hemos vuelto muy impacientes. El hombre ha olvidado la manera de vivir sin prisas, particularmente en este siglo. Siempre tiene prisa, lo quiere todo de inmediato. Cree que todo es como un café instantáneo. Pero hay algunas cosas que necesitan mucha paciencia.

No es que no puedan suceder inmediatamente; la paradoja es que, si eres lo suficientemente paciente, pueden suceder inmediatamente, instantáneamente. Pero si tienes prisa, les tomará un tiempo infinito suceder, o quizá nunca lleguen a suceder. Quizá los impacientes nunca las consigan y los pacientes las consigan de inmediato.

Así que tienes que entender desde el inicio de la travesía que depende de ti. Si eres impaciente, la travesía se vuelve muy larga; si eres paciente, la travesía se vuelve muy corta. Si eres absolutamente paciente, podrás decir: «Puedo esperar para siempre», y quizá no se necesite travesía alguna. Simplemente sentado en silencio, sin hacer nada, la primavera llega y el pasto crece solo. Podría suceder así.

DÍA **136** Encuentra el tiempo y el espacio, y asegúrate de meditar. Al principio es difícil, pero sé paciente. Lo único que se necesita es paciencia. Y ten esperanza, sé optimista, porque es sólo cuestión de tiempo. Es como cuando siembras semillas: no puedes esperar a que broten al día siguiente. Tomarán su tiempo, sólo vendrán a su tiempo. No siguen tus expectativas; siguen cierta ley propia. Tienen su ley intrínseca, su propia naturaleza. Esperarán a la siguiente estación, quizá a que lleguen las nubes, la lluvia, quizá la primavera…

Todos los hombres tienen la semilla de la meditación, pero no podemos predecir cuándo empezará a crecer. Tenemos que ser pacientes y seguir meditando sin preocupaciones sobre si lo estamos logrando o no. Y un día, de pronto, de la nada, empieza a suceder. Siempre sucede como un milagro. No se da gradualmente; siempre es un fenómeno repentino. Es como el agua: la calientas, la sigues calentando... Y sólo a cierta temperatura se evapora. A 90°C sigue siendo agua, agua caliente, pero agua a fin de cuentas. A 100°C, de pronto deja de ser agua. Y así es como funciona la meditación.

Así que no te desanimes. Ésa es una de las principales razones por las que mucha gente empieza a meditar y no lo logra. Muchos empiezan, pero después de unos días creen que no lo están logrando. No es cuestión de lograrlo o de fracasar. Sigue haciéndolo sin importar lo que pase, al igual que todos los días te bañas o te acuestas. No te importe si lo estás logrando o no, si estás ganando algo o no. Un baño es bueno en sí mismo, tiene valor intrínseco. Pronto la meditación se vuelve como un baño interior. Te sientes mejor, más centrado, más arraigado. Y si podemos seguir esperando, un día, de pronto, llega como una explosión, como un relámpago. Desde ese momento ya no eres el mismo. Desde ese momento ya no necesitas meditar; estarás meditando en lo que sea que hagas. Entonces respirar es meditar, caminar es meditar, comer es meditar. Entonces meditar simplemente se vuelve tu propia naturaleza.

DÍA **137** La dicha es un sol que sale dentro de ti. Por lo general, el hombre vive en una noche oscura, sin ver nunca el alba, sin ver ningún amanecer, y sólo va tropezando en la oscuridad, cayéndose por todos lados, lastimándose. Si observas la vida de un hombre, toda ella es andar a tientas, y es absolutamente fútil porque a tientas nunca encontrará la puerta. La puerta sólo se puede encontrar si tu ser interior se llena de luz, si sale el sol. Sucede a través de la meditación. Meditar es el inicio del amanecer. Es una invitación a que el sol salga dentro de ti. Invita a la luz. La meditación invita al silencio, a la paz. Por lo general, nunca pensamos en esas cosas: paz, silencio, tranquilidad, luz; y todos son verdaderos tesoros. Constituyen nuestro reino real.

Así que, a partir de ahora, invita cada vez más a la paz, cada vez más al silencio, a la tranquilidad. No pierdas ninguna oportunidad de estar en silencio, tranquilo. No pierdas ninguna oportunidad de relajarte y ver hacia adentro. Y un día, sucederá. Nunca sucede gradualmente, sucede de pronto. De pronto ves que el hemisferio oriental dentro de ti se está tiñendo de rojo; es el sol que está saliendo, la noche terminó. Entonces empieza la vida real. Entonces cada instante es tan precioso, tan lleno de éxtasis, que cada instante contiene la eternidad. Entonces ya no hay pasado ni futuro, el presente lo es todo. Entonces uno sabe que nunca muere, que nunca ha nacido. Uno siempre está aquí y ahora.

DÍA **138** Entra. Descansa en tu propio ser y, despacio, despacio, conforme el descanso se va volviendo más profundo, conforme tu relajación se empieza a volver un fenómeno establecido, cuando nada te distraiga, cuando te conviertas en el centro de un ciclón, surgirá la dicha. Y, por supuesto, una persona dichosa es una bendición para el mundo, así como una persona miserable es una maldición para el mundo.

Si uno simplemente puede recordar que es divino, con eso basta para la meditación. Se vuelve una remembranza constante, al igual que una corriente subterránea dentro de ti; entonces ya no se necesita nada. Y es sólo cuestión de recordar que *tú* eres divino. Cuando recuerdes que eres divino, naturalmente recordarás que todos son divinos. Tú sólo puedes ser divino si todos los demás son divinos. Tú sólo puedes ser divino en una existencia divina. Somos parte de una unidad orgánica.

Así que recuérdalo lo más frecuentemente posible. Deja que sea como respirar y te revelará muchos misterios. Cuando veas a la gente, recuérdate a ti mismo que todos son divinos, y lo mismo con los árboles y las piedras y las estrellas. Y cuando empieces a sentirte rodeado de miles de formas divinas, naturalmente se volverá imposible ser miserable. Simplemente sentirás como si estuvieras volando. Te volverás ingrávido, te empezarán a crecer alas. Eso es tu meditación; eso es tu oración.

DÍA **139** La oración no es científica. Pero la meditación es totalmente científica. Así como los científicos vigilan, observan el fenómeno objetivo, el que medita vigila el fenómeno psicológico. Es el mismo proceso: una observación desapegada, libre de prejuicios, sin conclusiones; porque si ya tienes las conclusiones, no tiene sentido observar. Entonces podrás probar tu conclusión, entonces todo el proceso es acientífico.

El centro esencial de la ciencia es que no depende de prejuicios, sino de experimentos, experiencia, hechos, hechos observados. Por lo tanto, una persona con preparación científica puede entender muy fácil la meditación. No hay supersticiones al respecto; es tan simple como que dos más dos son cuatro.

La única diferencia entre ciencia y religión es que la ciencia se ocupa de lo objetivo, de lo que está afuera. Y la religión se ocupa del que observa, de lo que está adentro, lo subjetivo.

El mismo proceso de observación tiene que voltearse hacia tu propia mente. Uno se convierte en laboratorio, un gran experimento de observación: ve sus propios pensamientos, deseos, recuerdos, ira, avaricia, lujuria, sin conclusión previa, sin juicios de lo que está bien o mal. Sin prejuicios…

Entonces sucede un milagro. Cuando no tienes prejuicio alguno, conclusión alguna, cuando tu observación es pura, simple, inocente, aquello que observas empieza a desaparecer. Ahí es cuando la ciencia y la religión empiezan a diferir: entre más observes en ciencia, más real se vuelve el hecho. Antes de la observación no era tan real. Se te puede haber pasado, pero ahora ya no se te puede pasar; ahí está, se vuelve más sólido. Cuando observas tu mente sucede algo distinto: si observas tu ira se empieza a evaporar, no puede existir. Despacio, despacio, toda la mente deja de ser. Cuando ya no hay mente que observar, el observador se vuelca hacia sí mismo.

Ése es el momento de la realización, de la autorrealización, *samadhi*. Ése es el objetivo último de todos los enfoques místicos.

DÍA **140** Existe la idea de que la existencia es totalmente indiferente ante nosotros. Pero no es así. Es una idea estúpida que ha entrado en la mente del hombre por el progreso científico.

La ciencia le ha traído muchas bendiciones al hombre, pero también algunas maldiciones han llegado a raíz de ella. Ha vuelto más saludable el cuerpo del hombre, mejor nutrido, pero ha desnutrido mucho el alma humana, la ha dejado casi en la inanición. Ha dado mucho, pero también ha tomado mucho. Lo que ha dado es superficial, no esencial, y lo que ha quitado es lo esencial. Así que la ciencia nos sigue dando una vida más cómoda, pero al mismo tiempo, una inmensa sensación de falta de sentido. Cualquier persona inteligente empieza a sentir que no tiene caso existir. Y la razón no es que no haya caso, la razón es que hemos olvidado por completo el lenguaje para relacionarnos con la existencia.

DÍA **141** Recuerda una y otra vez: al ver el cielo, sabe que tú también eres el cielo; al ver las estrellas, sabe que las estrellas están dentro de ti. Tú estás dentro del cielo y el cielo está dentro de ti. Despacio, despacio, tu gestalt entera cambiará, y en la nueva gestalt no podrán surgir problemas, se volverán ridículos.

Alguien te insulta, pero ¿acaso alguien puede insultar al cielo? Si le escupes al cielo, el escupitajo te caerá encima. Es absurdo, es ridículo. Esa persona es estúpida, eso es todo. Sentirás compasión por ella, sus insultos no te provocarán ira.

Así es como el verdadero hombre de religión transita por la vida: impávido, en calma, tranquilo, centrado y arraigado en su ser. Nada lo puede hacer vacilar, ni siquiera la muerte, porque ni siquiera la muerte puede quitarle nada. Se ha liberado de todo lo que ha podido y se ha vuelto uno con lo que es eternamente duradero.

DÍA **142** El hombre nace sólo como una oportunidad. Tiene un gran potencial, pero recuerda, el potencial es sólo potencial. Tiene que transformarse en realidad, tiene que volverse hecho. Se necesita un gran esfuerzo. Es una labor cuesta arriba. Tienes que ser laborioso, no puedes alcanzar la dicha sólo con esperanza. Desear no es suficiente. Tienes que poner todas tus energías en la labor. Y es el mayor logro de la vida. Por lo tanto, se necesita un compromiso total, menos que eso no bastará.

DÍA **143** Una voz divina siempre está presente en el corazón, siempre te está llamando. Pero tú no estás disponible; estás involucrado en asuntos mundanos, en cosas ordinarias. Tu mente está llena de basura innecesaria, ocupada sin sentido. Así que se te escapa la tranquila vocecita del interior. Cuando la mente esté en silencio, cuando los pensamientos desaparezcan, cuando te quedes sin pensamientos, de pronto la voz se escuchará. Y oír la existencia directo desde tu propio corazón es el inicio de la transformación. Es una revelación. La existencia siempre llega en forma de revelación; nunca como conocimiento, siempre como revelación, recuérdalo.

DÍA **144** El corazón siempre acierta. El corazón nunca se equivoca y la cabeza nunca acierta. La cabeza vive en la mentira, vive de mentiras; existe en todo tipo de falsedades. El corazón es auténtico: es sincero, es simple, no tiene malicia. Es inmensamente inteligente, pero no es malicioso. Simplemente refleja lo que es. Ésa es su belleza y su verdad. La divinidad nunca se conoce a través de la cabeza. Cualquier cosa que tenga valor, no se conoce nunca a través de la cabeza. El amor, la belleza, la divinidad, todo eso se conoce a través del corazón. El corazón es la reja sin rejas hacia la realidad. Pasa de la cabeza al corazón.

DÍA **145** La vida es alegría para los que son tiernos, tranquilos, amorosos, compasivos, sensibles. Entonces la propia vida es prueba: de mil maneras prueba que Dios es. Pero para las personas duras como piedra no hay prueba de Dios. Dios no puede probarse ante ellos porque no tienen sensibilidad. Han perdido toda sensibilidad, viven sólo en el pensamiento. Han perdido el corazón, son sólo cabeza. Y la cabeza es pura basura. ¡Sé corazón! Aunque tengas que perder la cabeza, piérdela, vale la pena. Es hermoso no tener cabeza, pero es horrible no tener corazón.

DÍA **146** Yo no divido la vida ordinaria de la espiritual. Son una misma, son inseparablemente una. Separarlas es crear una humanidad dividida, una humanidad esquizofrénica. La vida es una unidad, una unidad orgánica, indivisible. Nada es más alto ni nada es más bajo. No hay jerarquías, todo existe simultáneamente en el mismo plano. Así que no se tiene que renunciar a nada, no se tiene que rechazar nada. Por supuesto, todo tiene que transformarse a través del amor, a través de la dicha, por medio del gozo.

DÍA **147** Mi enseñanza no es que amen a Dios, mi enseñanza es que amen. No es relevante a quién amen: gente, animales, aves, árboles, música, poesía, pintura... Lo que amen —el objeto del amor— no importa, lo que importa es *que amen*.

Y conforme vaya creciendo el amor, despacio, despacio, traerá fe a tu ser, una fe en la existencia. Eso es religión verdadera. La religión falsa sigue basándose en las creencias. La religión verdadera se origina en el amor y termina por brotar y florecer en forma de fe.

Y recuerda: creencia y fe no son sinónimos, a pesar de lo que digan los diccionarios. Una creencia es una pseudofe, es algo básicamente falso. La fe es un fenómeno totalmente diferente.

Empieza con el amor y florece en la fe.

DÍA **148** Debemos ser laboriosos; debemos aceptar los retos que conducen hacia la travesía ascendente. Es difícil, es peligroso, pero saca lo mejor de ti. Crea integridad y, finalmente, crea un alma dentro de ti.

George Gurdjieff decía que no todos nacemos con un alma. Tiene razón. Todos nacemos sólo con la posibilidad de un alma; pero muy pocos la alcanzan. Volver tu ser un hecho implica un esfuerzo inmenso. Tienes que poner todas tus energías en ello, y sólo entonces... Tienes que arriesgarlo todo, y sólo entonces... Y entonces la vida brota, florece. Se convierte en gozo, en satisfacción, en contento, en bendición.

DÍA **149** Nacemos con un gran tesoro, tan vasto, tan grande que es inagotable. Pero vivimos en pobreza total debido a que nunca hurgamos dentro de nuestro ser. Seguimos buscando en otros lados. Lo más extraño del hombre es que busca por todos lados —está dispuesto a subir el Éverest, a ir a la Luna— pero no está dispuesto a ir hacia adentro.

Cuando dices «Ve hacia adentro», cae en oídos sordos. Y ahí es donde está el tesoro. Así que seguimos cargando el tesoro por dentro y seguimos siendo mendigos.

Tu realidad está dentro y sigues buscando fuera. La primera búsqueda debe hacerse dentro. Si no la encuentras ahí, entonces claro que puedes ir a explorar el mundo entero. Pero nunca ha pasado. Los que han buscado dentro siempre la han encontrado.

DÍA **150** Cuando empiezas a buscar dentro de ti mismo, te conviertes en el bendecido. La búsqueda misma es el inicio de la transformación. Entre más apasionada sea la búsqueda, más rápido llegará la transformación. Hazla intensa, hazla total.

DÍA **151** Nacemos con infinita sabiduría, pero seguimos perdiendo nuestra sabiduría recopilando conocimiento. El conocimiento es basura; es mundano, es trivial. Vamos por la vida cambiando lo precioso por lo absolutamente insignificante.

Vuélvete otra vez ignorante del llamado conocimiento. Libérate de la carga del conocimiento, desapréndelo y, cuando el conocimiento haya sido desaprendido, la sabiduría empezará a brotar en ti. Es tu naturaleza intrínseca. No tiene que aprenderse, no tiene que buscarse. No tienes que salir a buscarla; es el centro más profundo de tu ser.

Meditar significa desaprender el conocimiento para que la sabiduría pueda afirmarse en la vida otra vez.

DÍA **152** Uno necesita una casa, comida, dinero y ropa; uno debe poner atención a todo eso, pero eso no debe volverse el todo. Debemos darle espacio y tiempo a la exploración interior. A eso lo llamo meditación: sentarse consigo mismo, estar consigo mismo, disponible para la propia subjetividad.

Esa disponibilidad, esa apertura, no te abren a tu propio ser, sino al propio ser de la existencia. Y a menos de que sepas de lo que se trata esta vida, vivirás en vano. A menos de que pruebes el misterio de esta inmensa belleza y el éxtasis que te rodean —ya están ahí, sólo tienes que estar un poco más alerta y sensible—, la vida seguirá vacía. Naces y, sin embargo, no naces; vives y, sin embargo, estás muerto.

Al vernos a nosotros mismos, nacemos de nuevo. Conocernos a nosotros mismos es un renacimiento, el renacimiento real. Habremos nacido dos veces.

DÍA **153** El conocimiento está disponible desde el exterior. Saber necesita una purificación interior. El conocimiento es información, es tu capacidad de ver, de entender. El conocimiento nunca transforma a nadie. Te puede convertir en un gran estudioso, pero ser estudioso no es ser nada más que un perico. El estudioso simplemente repite: es una grabadora, ni más ni menos. Pero un conocedor sabe, sabe con autoridad propia. No cree, ve. No es un cristiano, es un cristo; no es un budista, es un buda.

Recuérdalo. Tu consciencia requiere un cambio

radical, un tipo de consciencia totalmente diferente: alerta, meditativa, amorosa. Éstas son las bases que te permitirán ver. No estarás más informado, pero estarás totalmente transformado.

Mi trabajo no es informarte, sino transformarte.

DÍA **154** El conocimiento es fácil y barato. Uno puede acumular cuanto quiera, puede pedir prestado a otros. Pero la sabiduría es costosa, preciosa. Uno tiene que orar por ella con gran esfuerzo, consciencia, estado de meditación. Nadie te la puede dar y nadie puede quitártela. Es un esfuerzo absolutamente individual el que liberará tu sabiduría.

Está ahí como una semilla, pero sólo como semilla. Tienes que plantarla, alimentarla, nutrirla, regarla, cuidarla, y en eso consiste la meditación. Empieza a crecer lentamente. Entonces te conviertes en un rosal y brotan muchas flores. Cuando se abren las flores y se libera tu fragancia a los vientos, hay gran alegría, y no sólo en ti: toda la existencia se regocija contigo. Cuando una persona se ilumina, toda la existencia da un paso adelante.

DÍA **155** Todos cargamos una estrella de infinita belleza dentro de nosotros. Somos estrellas. Por supuesto, estamos rodeados de mucho humo y nubes y, si vemos desde el exterior, no se ve nada de la estrella.

La función de la meditación es penetrar a través de esas nubes oscuras que te rodean y alcanzar el centro donde está la luz eterna: donde la vida es una flama de gozo, de dicha, de gran belleza. Experimentar esa flama interior es experimentar la divinidad.

La travesía es difícil, pero vale la pena. Y sólo es

difícil al principio. Cuando te acostumbras al gozo de lo desconocido y a la libertad de lo desconocido y a la emoción de lo desconocido, deja de ser difícil. Entonces cada instante de la travesía es de una belleza tan preciosa, de un gozo tan exquisito, de un éxtasis tan grande, que estás listo para atravesar cualquier dificultad. Incluso estarás listo para morir por ello, porque sabrás que incluso la muerte no es muerte.

DÍA **156** El amor necesita una gran valentía. De hecho, nada necesita más valentía que el amor, porque el requisito básico del amor es morir como ego. Sólo cuando disuelves tu ego, el amor empieza a fluir en ti. El ego es la barrera y necesitas agallas para deshacerte de él. Te aferras, crees que no eres nada más que ego; por lo tanto, sientes un miedo inmenso: «¿Qué me va a pasar si me deshago de mi ego? Perderé mi identidad».

Sí, habrá un momento en el que pierdas tu identidad, la vieja identidad, la falsa identidad, un periodo de tiempo en el que no sepas quién eres, y luego, la verdadera identidad se desarrollará.

En el zen, dicen: «Antes de meditar, los ríos son ríos, las montañas son montañas. Cuando meditas, los ríos dejan de ser ríos, las montañas dejan de ser montañas. Y cuando se ha terminado la meditación, cuando la has logrado, los ríos vuelven a ser ríos, las montañas vuelven a ser montañas».

Hay una brecha entre ambos —el que se va y el que llega— que será un tanto caótica. De ahí la necesidad de un maestro para ayudarte durante esos días, para que te sostenga la mano, para que te motive: «No tengas miedo, el alba se acerca. No des marcha atrás.

Mira hacia adelante, porque no hay marcha atrás. La vida nunca retrocede, siempre es un movimiento hacia adelante».

Buda dice, «*Charaiveti, charaiveti*». Sigue, sigue, hasta que hayas llegado al punto en el que no quede ningún deseo. Ése es el momento de satisfacción, de dicha, de bendición.

DÍA **157** Amar es ser religioso. Estar realmente enamorado de la existencia es estar en oración. No es necesario consultar las escrituras ni aprender teología; no es necesario reflexionar sobre esa estupidez sin sentido llamada filosofía. No es necesario. Uno tiene que amar las flores y los pájaros. Y los árboles y las estrellas y a la gente. ¡Con eso basta!

Uno tiene que seguir mejorando su propia calidad de amor. Uno tiene que irlo volviendo cada vez más incondicional, desinteresado, que no exija nada, que no sea dominante, que no sea egoísta. Cuando tu amor sea absolutamente puro, habrás alcanzado la divinidad. No hay nada más. Habrás alcanzado la perfección última de la vida. El amor es la esencia, así que déjalo convertirse en tu camino.

DÍA **158** *Amor*, esa sola palabra contiene todo lo que vale la pena tener en la vida, poseer en la vida. Uno podrá olvidar a Dios y no se pierde nada, pero si uno olvida el amor, entonces se pierde todo. Si hay amor, Dios sucederá porque Dios es la cumbre máxima de la experiencia del amor. Pero, sin amor, ni siquiera Dios es posible. Sin amor, nada es posible: no hay dicha, no hay bendición, no hay verdad, no hay libertad. El amor es néctar. Te da la experiencia de la vida inmortal. Es el puente entre el tiempo y la eternidad.

DÍA **159** Si puedes amar plenamente, incondicionalmente, entonces la divinidad no está lejos. Entonces la divinidad está en el mero latido de tu ser.

Donde hay amor, está Dios. El amor es la fragancia de la presencia de Dios. Así que recuérdalo y destruye todo lo que la sociedad ha creado en ti para evitar que recuerdes tu realidad. Estamos hechos de amor y estamos hechos para amar.

DÍA **160** El hombre necesita integración, la integración de todos los fragmentos en un todo, en una armonía. Y ésa es toda la intención de la *religión*. La propia palabra religión significa lo que te mantiene ligado. Ése es exactamente el significado de *yoga* también; *yoga* significa unión. Religión y yoga son sinónimos.

Cuando te cristalizas, cuando te vuelves uno, cuando todas esas partes que se desprenden se funden y fusionan en una unidad, surge un enorme gozo, porque todo el conflicto se ha ido. Y cuando el conflicto se ha ido, empieza la celebración.

Y las técnicas de meditación se dividen de tal forma que pueden acercar tus fragmentos en pugna hacia la amistad, hacia la armonía, hacia el acuerdo.

DÍA **161** Mi intención es ayudarte a dejar de lado la división, a dejar de lado la esquizofrenia que se ha perpetuado en nombre de la religión. La religión no ha demostrado ser una bendición. Ha probado ser la mayor calamidad.

Jesús, Buda, Zaratustra son bendiciones, pero el cristianismo, el budismo, el hinduismo, el jainismo, no.

Todos los grandes maestros del mundo enseñaban métodos para mover tu ser interior hacia planos superiores. Le estaban ayudando a la gente a que le crecieran alas. Y todas las iglesias han tratado de dividirnos porque ésa es la manera fundamental de gobernar a la gente: divide y vencerás. Puedes dividir fácilmente a una persona y ésta pierde su poder; sus energías empiezan a luchar dentro de ella, se vuelve un caos, entonces puedes gobernarlo. Y a las iglesias no les interesa transformarte sino esclavizarte, gobernarte, explotarte.

La pasión es el peldaño más bajo y la compasión es el peldaño más alto de una escalera, pero ambos pertenecen a la misma escalera. Recuerda, cuando la pasión se vuelve consciente, se convierte en compasión. Cuando la pasión es inconsciente, es cruel, es fea, es animal.

Lleva más consciencia dentro de tu ser y empezarás a moverte hacia la divinidad; de lo animal a lo divino. El hombre es sólo una escalera que se extiende entre esas dos eternidades.

DÍA **162** La dicha es la mayor dimensión del gozo. La primera es el placer, que es animal. La segunda es la felicidad, que es humana. Y la dicha es divina. El sexo es animal, el amor es humano, la oración es divina. En el amor puede haber sexo, y puede no haber. En la oración no hay posibilidad de sexo, simplemente desaparece. Por lo tanto, la gente común no puede entender el tantra; está condenada a malinterpretarlo. Es oración. No tiene nada que ver con el sexo. Ni siquiera hacer el amor tiene nada que ver con el sexo. Cuando se convierte en meditación, en oración que funde y fusiona y mezcla energías en un estado de oración, ni siquiera es una diversión o un juego, es devoción.

La dicha es la meta porque sólo en la dicha puedes alcanzar la cima de tu ser, llegar a tu realización total. El hombre es un edificio de tres pisos. La planta baja es animal. Y es buena, nada está mal en ella; no estoy en contra de ella, pero me gustaría que todo mundo conociera algo de lo más alto. Deja que lo más bajo sea la base, pero no te quedes confinado ahí. El segundo piso es humano, y el tercero es divino.

Al conocer la dicha uno llega a conocer su propia divinidad, uno es Dios. Y a menos de que nos percatemos de esto, recuerda, la vida está insatisfecha; se queda como una profunda frustración, un descontento. Sólo cuando hayas alcanzado tu punto más alto habrá contento, paz, silencio, una satisfacción profunda a la que habrás llegado.

DÍA **163** El hombre se siente incómodo por la sencilla razón de que está cohibido; estar cohibido es muy destructivo para la gracia.

Es por eso que, si le estás hablando a un amigo, lo haces con gracia, pero si le hablas a una gran audiencia, si miles de personas te están escuchando, pierdes toda la gracia. Te pones incómodo, empiezas a transpirar, empiezas a temblar. Se te olvida todo.

De hecho, se dice que la mente empieza a trabajar cuando naces, y hasta que mueres, excepto en esos raros momentos en que te enfrentas a una audiencia.

En esos momentos, deja de funcionar: de pronto, surge una brecha. Y entre más preparado estés, más posibilidades hay de que surja la brecha, porque la propia preparación demuestra que estás asustado, que estás tratando de cubrir algo, de fingir.

¿Qué les pasa a los actores en el escenario? ¿Por qué pierden la gracia? Ésa misma persona tiene mucha gracia cuando habla con sus amigos. No cambia nada, todo es igual, puede hablar de la misma forma. Pero en público se le empieza a olvidar todo, empieza a decir cosas que no debía decir y todo se vuelve torpe.

Los animales salvajes tienen gracia porque no son autoconscientes. Todos los animales tienen gracia porque no están actuando, simplemente están viviendo. No les preocupa cómo se ven. Sólo al hombre le preocupa cómo se ve, qué les parece a los demás, si lo aprecian o no. Todas esas preocupaciones destruyen la gracia. Y la dicha sólo se da en un estado de gracia.

DÍA **164** El camino hacia la dicha, hacia esa dicha oceánica, es dejar de identificarse con el complejo cuerpo-mente. Uno tiene que recordar constantemente: «No soy el cuerpo, no soy la mente. Soy el observador, el testigo». Despacio, despacio, se vuelve tan natural que no necesitas recordarlo; simplemente está ahí como una corriente subterránea. Incluso durmiendo sabes: «No soy el cuerpo, no soy la mente, soy el testigo». Incluso soñando sabes: «Soy el testigo de los sueños».

Cuando el atestiguamiento se haya profundizado lo suficiente, entonces estarás al borde de un gran parteaguas. Entonces, en cualquier momento, todos los límites desaparecerán y de pronto serás ilimitado, infinito.

DÍA **165** La dicha tiene una luminosidad propia. La miseria es oscura, la dicha es brillante. Los miserables también arrojan sombras sobre otros. Son como hoyos negros, succionan la energía de la gente; su mera presencia es destructiva. Pero la presencia de alguien dichoso es creativa, nutritiva. Derrama luz sobre los demás. Es una bendición, una bendición para la existencia.

DÍA **166** La dignidad de carácter llega a través de la meditación. No estás practicando nada que le incumba a tu carácter, pero tu interior crece. Empiezas a sentir las cosas como son, y toda tu vida se transforma en esta nueva luz, en esta nueva visión. Ya no te puedes comportar de la forma antigua. Ya no puedes engañar a nadie porque ahora, a través de la meditación, sabes que no estamos separados. No puedes ser violento; no puedes disfrutar herir a nadie porque ahora sabes que el otro es parte de ti. Somos parte del universo orgánico. No somos entidades separadas en absoluto.

Entonces, por supuesto, tendrás dignidad de carácter, y esa dignidad llegará a través de la integridad. Ya no estarás dividido, serás uno. Tu visión será una, tu estilo de vida será simplemente consecuencia de ella, no estará en su contra, nada estará impuesto. Es como los labios sanos: lo rojo proviene de la sangre que circula por dentro. Es un fenómeno totalmente diferente al lápiz labial. Así que recuerda, la meditación tiene que ser la fuente del carácter real. Se puede olvidar todo lo relativo al carácter, sólo pon toda tu energía en la meditación y el carácter surgirá de ella. No es algo que tú hayas reunido, llegó de forma espontánea. Y cuando el carácter es espontáneo, tiene belleza propia, es un gozo. No es un medio para un fin; es un fin en sí mismo.

DÍA **167** Existe la posibilidad de ser dichoso sin ser sabio, pero esa dicha no es dicha verdadera; es simplemente lo que la gente llama felicidad. Viene y va, es momentánea. Y siempre te deja profundamente frustrado y desesperado. El precio es muy alto y no lo vale.

También existe la posibilidad de ser sabio sin ser dichoso, pero esa sabiduría es pseudo y es falsa. Eso es a lo que se le llama conocimiento. Es prestado, es una carga. Todo lo que no haya surgido de tu propia experiencia es sometimiento. Podrá nutrir tu ego, pero no puede revelarte ante ti mismo. El verdadero buscador tiene que encontrar la dicha y la sabiduría juntas. Y se pueden encontrar juntas porque son como las dos alas de un ave, la meditación.

Medita: por un lado, te volverás dichoso, y por el otro, te volverás sabio. Ambas cosas crecen simultáneamente en una especie de profunda sincronía. En el estado último, la dicha se vuelve sabiduría, la sabiduría se vuelve dicha.

DÍA **168** Aprende a estar solo y permite que la sabiduría brote de tu ser. Entonces podrás vivir en el mundo, pero incluso entre la multitud, estarás solo, impávido, sin distracciones, sin impresiones. Estarás en el mundo, pero no serás del mundo y tendrás la capacidad de ver lo que está bien y lo que está mal. No dependerás de los mandamientos externos. No dependerás de la Biblia, de la Gita, del Corán. Habrás encontrado tu propia escritura, habrás encontrado la voz de Dios dentro de tu corazón. Ya no habrá necesidad de buscar información de segunda mano, de segunda categoría. Tendrás línea directa con Dios.

DÍA **169** La gente se aferra, y entre más te aferres al otro, el otro se asustará más. El otro quiere escapar porque hay un gran interior que necesita liberarse. El deseo de libertad es mayor que cualquier otro, más profundo que cualquier otro. Así que uno puede sacrificar incluso el amor, pero no puede sacrificar la libertad; no está en la naturaleza de las cosas. No se puede hacer nada al respecto. Por lo tanto, la verdadera dicha puede darse sólo en tu soledad.

La soledad es un arte, todo el arte de la meditación. Estar completamente centrado en sí mismo sin ningún deseo por el otro, sin ninguna ansia por el otro; estar en un descanso tal con uno mismo que no se necesite nada más, eso es la soledad. Trae la dicha eterna. Cuando la tienes, puedes disfrutar tu amor también, porque entonces no tendrás que depender de la dicha que viene del amor, ya la tienes. Entonces el amor tendrá una dimensión totalmente diferente, un sabor diferente, una cualidad diferente. Es compartir, no crea sometimiento.

Por lo tanto, la meditación es primero, y el amor, después.

DÍA **170** Aunque una abeja recoja miel de muchas flores, nunca destruye ninguna de ellas. Es muy hábil, muy grácil. No daña. De hecho, la flor se siente inmensamente feliz cuando llega una abeja. Es un halago. Y la abeja jamás es destructiva. Recoge lo que necesita, pero con una habilidad tal, con una gracia tal que la flor sigue siendo absolutamente la misma. Así es como tiene que ser un sannyasin.

Vive de tal forma que no dañes a nadie. Vive de forma creativa, con habilidad y arte, vive de forma sensible. Y nunca te apegues a nada. Disfruta todo tipo de experiencias, todo tipo de flores, pero sigue adelante. No te quedes estancado en ningún lado y, entonces, alcanzarás la divinidad.

DÍA **171** En la vida, el cambio es el único fenómeno que no cambia. Así que el hombre de entendimiento nunca se aferra a nada. Al ver que todo cambia, no tiene caso aferrarse. Es muy tonto, no es inteligente; creas tu propia miseria y luego condenas al mundo entero.

El mundo no es responsable. Nadie es responsable de tu miseria excepto tu propia inconsciencia; la inconsciencia del hecho absolutamente cierto de que la vida es un cambio constante. Al darse cuenta de esto, uno deja de aferrarse. Entonces, lo que sea que venga, uno lo observa. Uno sigue siendo testigo. Lo disfruta mientras está ahí.

Cuando haya un bello atardecer, disfrútalo, pero no te aferres a él, no es una fotografía. Pronto desaparecerá, ya está desapareciendo. Mientras lo observas, está desapareciendo. Pronto caerá la noche, pero por qué preocuparse: la noche tiene su propia belleza, las estrellas aparecerán. Pero el que se aferra es tan tonto que tratará de atarse al bello atardecer: le gustaría quedarse estático para siempre. Es bueno que no suceda lo que pide, de otra forma, ya se habría aburrido de las cosas. La vida nunca oye nuestras estúpidas exigencias.

Sigue su propio camino, sin distraerse con los millones de tontos que le piden que se detenga, gritando, llorando, sollozando.

La vida nunca escucha a nadie porque esos tontos no saben lo que piden: llorarán por el atardecer porque ya no está ahí, y en ese llanto se perderán el nuevo aparecer de las estrellas. En el momento en que se liberan de esa miseria y empiezan a ver la hermosa noche estrellada, otra vez está ahí la misma tontería. Se empiezan a aferrar a ella, pero es veloz, pronto ya no estará. De otra forma, no llegará el amanecer. Llorarán una vez más. Sus ojos siempre están rojos y nunca pueden ver lo que es real a causa de las lágrimas. Entonces se perderán la belleza del amanecer. Y así sucesivamente.

El tonto se va perdiendo todo. El sabio lo disfruta todo. Disfruta el día, disfruta la noche. Disfruta el verano, disfruta el invierno. Disfruta la vida, disfruta la muerte. No se aferra; y no aferrarse es la dicha.

DÍA **172** Tenemos alas, pero todavía no las hemos usado. Y como no las hemos usado, hemos olvidado que están ahí. Las pequeñas alas no son tan pequeñas, pues pueden cubrir el cielo entero: su capacidad es infinita, inmensa, inconmensurable. No hay nada más hermoso que un ave al vuelo. Contiene todo el cielo bajo sus pequeñas alas, moviéndose hacia la frontera última de la existencia, siempre pasando de lo conocido a lo desconocido, sin temor a lo desconocido, de hecho, lo desconocido siempre la intriga. Siempre deja de lado lo conocido porque una vez que lo conoce, es una absoluta estupidez seguir repitiendo la experiencia. A una persona inteligente le gustaría tener nuevas experiencias, nuevas perspectivas que abrir, nuevas visiones. Y eso es lo que representa el ave al vuelo.

Un buda es un ave al vuelo. Así que guárdalo como un símbolo muy dentro de tu corazón: todos mis sannyasins se han convertido en aves. Todos vivimos en jaulas, jaulas cristianas, jaulas hindúes, jaulas mahometanas, hermosamente decoradas: en algunas jaulas está inscrito el Corán, en otras, la Gita, en otras hay proverbios de Buda, Confucio, Moisés. Y hay jaulas doradas engarzadas con diamantes, pero una jaula es una jaula. No estamos hechos para vivir en una jaula.

Un sannyasin tiene que deshacerse de todas las jaulas: de la religión, de la nación, de la casta, de la ideología. Tienes que ir deshaciéndote de jaulas para que, un día, el cielo entero se abra y se vuelva disponible para ti.

De eso se trata la existencia: el cielo entero abierto. Y la libertad es lo único por lo que vale la pena tratar. Una vez conseguida la libertad, todo se desencadena: sin libertad, no hay posibilidad de nada.

DÍA **173** Para ser totalmente libre, uno necesita ser totalmente consciente, porque nuestro sometimiento está arraigado en nuestra inconsciencia; no viene de fuera. Nadie te puede quitar la libertad. Te podrán destruir, pero no te pueden arrebatar la libertad a menos de que tú la entregues. En el análisis final, es siempre tu deseo de que te quiten la libertad lo que te la quita. Es tu deseo de ser dependiente, de deshacerte de la responsabilidad de ser tú mismo, lo que te quita la libertad.

Es el momento en que uno toma la responsabilidad

de sí mismo... Y, recuerda, no todo son rosas, también hay espinas; y no todo es dulce, también hay muchos momentos amargos. Lo dulce siempre se equilibra con lo amargo; siempre vienen en la misma proporción. Las rosas se equilibran con las espinas, los días con las noches, los veranos con los inviernos. La vida guarda un equilibrio entre los polos opuestos, así que el que esté listo para aceptar la responsabilidad de ser él mismo, con todas sus bellezas, amarguras, sus gozos y agonías, puede ser libre. Sólo él puede ser libre. Déjale toda su agonía y todo su éxtasis, ambos te pertenecen. Y siempre recuerda: el éxtasis no puede vivir ni existir sin la muerte, y la alegría no puede existir sin la tristeza. Así son las cosas, no se puede hacer nada al respecto. Ésa es la naturaleza, el Tao de las cosas.

Acepta la responsabilidad de ser tú mismo como eres, con todo lo bueno y lo malo, con todo lo hermoso y lo no hermoso. En esa aceptación se da la trascendencia y uno se vuelve libre.

Libertad significa trascendencia, ir más allá de la dualidad. Entonces no eres ni éxtasis ni agonía; sólo eres un testigo de todo lo que te sucede. La trascendencia es la verdadera libertad y eso te ilumina, te libera.

DÍA **174** Nuestros cerebros no son más que biocomputadoras. A la naturaleza le ha tomado millones de años desarrollar el cerebro. Al crear la computadora, simplemente hemos hecho un cerebro fuera del cuerpo, un cerebro mecánico. Por supuesto que las computadoras seguirán creciendo y creciendo, serán cada vez más grandes, y serán capaces de hacer milagros. Incluso grandes genios como Albert Einstein muy pronto parecerán pigmeos al lado de las computadoras por la sencilla razón de todo lo que pueden recordar. La computadora puede fabricarse para recordar cualquier cantidad de conocimiento.

La memoria es un fenómeno mecánico, pero la consciencia no es mecánica, por lo tanto, ninguna computadora podrá aprender nunca a estar consciente, ninguna computadora podrá jamás meditar. Es imposible. La computadora puede tener conocimiento, pero no puede estar en estado de conocer. La tienes que alimentar de conocimiento muerto, puede acumularlo. Y eso es lo que han estado haciendo durante siglos nuestros académicos y eruditos. Los hemos respetado tanto y no son más que computadoras. Hemos adorado a las máquinas; y lo seguimos haciendo: nuestras universidades son fábricas donde se crean máquinas a partir de hombres.

Mi trabajo aquí consiste en hacer justo lo contrario: en desautomatizarte, en descondicionarte, en ayudarte a ser consciente.

Cuando te vuelves más consciente, estás más abierto a la existencia, a todo lo que pasa alrededor. Todas tus ventanas y puertas están abiertas; la existencia puede pasar a través de ti. Te puedes ir volviendo más y más sensible conforme estás cada vez más y más consciente. Pero un hombre de consciencia nunca acumula. Sigue refinando su proceso de conocer; no hay límite. Sigue afilando su espada. Pero no está interesado en la información, su interés es la transformación. Y a través de la consciencia, a través del saber, se da la transformación. Te vuelves un hombre nuevo.

Por medio del conocimiento sigues siendo la misma persona vieja, con más conocimiento añadido.

Pero no eres nuevo, eres la misma persona vieja con nuevas adquisiciones, eso es todo. Con consciencia, eres nuevo de tal forma que sabes cómo seguir renovándote a ti mismo en todo momento para nunca ser viejo, soso, insensible.

DÍA **175** Ningún árbol es tan tonto como el hombre, tampoco ningún animal es tan tonto. El hombre es el único animal idiota de la Tierra, pero esa idiotez también se puede transformar en una gran bendición, porque sólo el hombre puede entender lo que es la separación y lo que es la unión. Los árboles, las aves, los animales son uno con la existencia, pero inconscientes. Son dichosos, mas no tienen idea de lo que es la dicha, no son conscientes de ella. Y la dicha inconsciente no tiene mucho valor. Tú podrás tener un tesoro, pero si no eres consciente de él, ¿de qué sirve tenerlo?

El llamado distante del cuco nos parece bello, sin embargo al cuco mismo no. El cuco no tiene idea de lo que es la belleza, la música, la poesía. No es consciente; es dichoso, pero inconsciente.

El hombre no está consciente y es miserable. Pero la miseria se puede dejar de lado. La consciencia tiene que aumentar un poco, el hombre tiene que deshacerse conscientemente de la miseria y alcanzar una reunión; yo lo llamo una reunión. El árbol y el cuco y los otros pájaros y animales están en estado de unión. El hombre tiene que recuperarla; ha perdido su contacto con ella. Sólo el hombre puede ser un Buda o un Cristo. Por lo tanto, esa idiotez no es sólo una maldición; también puede ser una bendición.

Todo depende de nosotros, de qué hagamos con nuestra miseria. Podemos seguir nutriéndola y podemos seguir creándonos infiernos. Podemos deshacernos de ella e ir hacia el todo para la fusión definitiva. Podemos fundirnos con el océano de la existencia y, entonces, surgirá la dicha. Y cuando el hombre se vuelve dichoso, su dicha tiene un valor inmenso. El cuco es dichoso, pero su dicha no tiene valor.

Consagrarse a la divinidad significa estar listo para fundirse y fusionarse en el todo. Entonces la dicha vendrá por voluntad propia.

DÍA **176** Si estás dispuesto a disolverte en el todo, la dicha será el resultado. Si te resistes a la disolución, si tratas de seguir siendo una entidad separada… Eso es lo que está haciendo todo mundo: tratando de ser un ego, tratando de protegerse a sí mismo, de defenderse a sí mismo.

Todo mundo está amurallándose contra el todo. Todo mundo se asusta ante el todo porque el todo es vasto; te rodea por todas partes. Y nosotros estamos construyendo grandes muros, murallas chinas para protegernos; de otra forma nos inundaría, nos desbordaría. Así que construimos grandes murallas chinas y nos escondemos detrás de ellas y seguimos siendo pequeños.

Ése es el camino del hombre estúpido, pero la mayoría está formada de gente estúpida. La persona inteligente sabe que esto es fútil; es un ejercicio de futilidad, futilidad total. No somos independientes, ningún hombre es una isla. Somos parte del continente, por lo que es inútil luchar contra el continente.

No es necesario gastar tus energías peleando; puedes usar la misma energía celebrando. Disuélvete en el todo, deshazte del ego. Olvídate de que estás separado.

DÍA **177** Recordar que somos parte de un vasto continente es la única forma de transformarse. En realidad, no tenemos que deshacernos de nada, porque la mera idea de la separación es falsa. Es sólo una idea, es como alguien que calcula y comete el mismo error una y otra vez: dos más dos son cinco. Y lo único que se necesita es entender que dos más dos no son cinco: dos más dos son cuatro. Una vez entendido, todo se vuelve claro. Ése es sólo un error matemático, una equivocación. Surge por ciertas razones: tenemos cuerpos separados y eso da la idea de separación; tenemos mentes separadas y eso da la idea de separación. Pero no somos ni el cuerpo ni la mente. Somos consciencia. En el momento en que te empiezas a sentir como consciencia, entonces ya no hay separación. Entonces dos más dos son cuatro; antes de eso, dos más dos es todo excepto cuatro. A veces es tres, a veces cinco, pero nunca cuatro.

Vivir en la ilusión de la separación causará problemas, y los problemas se van acumulando. No se pueden resolver a menos de que cambiemos nuestro enfoque mismo desde el principio. Se necesita un cambio radical, no una reforma cualquiera; y el cambio radical se da cuando soltamos nuestra personalidad en el océano de la existencia, cuando la gota de rocío del ego desaparece en el océano.

No perdemos nada, ganamos. Simplemente perdemos nuestros pequeños límites y nos volvemos vastos e infinitos, y en esa vastedad está la fragancia.

DÍA **178** La meditación es una forma de rendir el ego. La meditación es rendición, la mera esencia de la rendición. Por lo común, nos aferramos a nuestros egos: de todas las formas posibles tratamos de demostrar el ego. Meditar significa que dejamos ese viaje, dejamos el circo. Ya no nos interesa demostrar el ego porque podemos ver su falsedad y todo su absurdo.

Al verlo, uno se permite soltarlo; al ver la futilidad y la miseria que trae, uno renuncia a ello e inmediatamente se da una transformación.

Cuando te vacías del ego, algo del más allá entra corriendo e inmediatamente llena tu vacío interno. Ese flujo de energía del más allá es la existencia. La meditación abre el camino para el flujo del más allá.

Pero estamos tan llenos de nosotros mismos que lo seguimos perdiendo. Tenemos que vaciarnos por completo. Tiene que ser un esfuerzo total, no a medias, no tibio, porque con una sola porción de ego que quede basta para mantener alejado al más allá. Tenemos que deshacernos del ego por completo, la vacuidad tiene que ser total, totalmente vacía, y entonces no habrá barrera: entonces el invitado entrará. La vacuidad se convierte en el anfitrión de la existencia y no hay otra forma de conocerla.

DÍA **179** La libertad es el fenómeno más divino; por lo tanto, nunca sacrifiques tu libertad por nada, ni siquiera por amor, porque nada es superior a la libertad. Todo se puede sacrificar por la libertad, incluso la vida, pero la libertad no se puede sacrificar por nada. Incluso Dios puede ser sacrificado por la libertad, pero la libertad no puede ser sacrificada por Dios.

Buda no cree en Dios, pero cree en la libertad. Mahavira nunca creyó en Dios, pero creía en la libertad. Podían descartar la hipótesis de Dios, pero no podían descartar la hipótesis de la libertad; de hecho, la libertad es el verdadero Dios.

DÍA **180** Estaba leyendo unas líneas de Walt Whitman, ¡me encantan esos versos! Fue uno de los poetas más importantes que jamás hayan pisado la Tierra. Dice: «Me celebro y me canto a mí mismo. Y lo que yo diga ahora de mí, lo digo de ti, porque lo que yo tengo lo tienes tú y cada átomo de mi cuerpo es tuyo también». Ese mensaje de celebración es el mensaje de todos los profetas, de todos los que han sabido, y es particularmente mi mensaje.

Deja que todo tu corazón diga «Me celebro y me canto a mí mismo». Pero recuerda, el yo no es el ego, el yo es algo que trasciende al ego. El ego es tu creación; el yo es parte de Dios, el yo es parte del yo supremo. El yo no te convierte en un individuo separado, no te convierte en isla. Te mantiene unido al todo; de ahí la celebración, el gozo, el éxtasis. Las líneas de Walt Whitman definen a mi sannyas con precisión. Recuérdalo.

Amor, dicha, celebración, Dios, verdad, libertad son diferentes aspectos del mismo fenómeno. El ego se deja a un lado, entras a una realidad multidimensional que contiene todo eso. Pero uno ciertamente necesita valor, agallas. Sé lo suficientemente valiente como para vivir plenamente, para vivir en sintonía con lo infinito, con lo eterno.

DÍA **181** Primero, empieza por aprender a moverte desde lo conocido hacia lo desconocido, y tu vida será una gran emoción, una gran alegría, una gran sorpresa. A cada instante sucede algo nuevo. Y entonces, un día, toma el máximo riesgo: ve de lo conocido a lo desconocido. La diferencia es que lo desconocido se volverá conocido, y lo incognoscible nunca será conocido. Eso incognoscible es la existencia.

Pero primero aprende a pasar de lo conocido a lo desconocido. Eso es aprender a nadar en aguas poco profundas. Y cuando hayas aprendido a nadar, entrarás al océano sin miedo, con absoluta confianza, y entonces tu vida sabrá lo que es el éxtasis. Con lo desconocido, conocerás la emoción: con lo incognoscible, conocerás el éxtasis.

DÍA **182** El valor es la mayor cualidad religiosa, todo lo demás es secundario. No puedes ser veraz si no eres valiente. No puedes ser amoroso si no eres valiente. No puedes confiar si no eres valiente. No puedes indagar en la realidad si no eres valiente; por lo tanto, el valor viene primero, y todo lo demás lo seguirá.

Pero la llamada gente religiosa ha enseñado justo lo contrario. En lugar de ayudar a la gente a ser valiente, la ayudan a tener cada vez más miedo. Crean el temor de Dios en la gente, el temor al infierno, el temor al castigo; y del miedo pretenden crear el amor a Dios. Eso es una completa estupidez, es imposible.

Sólo de la temeridad puede surgir el amor. Sólo a partir de la temeridad puede uno indagar en lo superior. Es un largo viaje, y un viaje a lo desconocido. Los cobardes no serán capaces de dejar la orilla. Y la religión significa un gran anhelo por la otra orilla, que no se ve desde este lado.

DÍA **183** Los milagros abundan cuando tienes valor. Suceden a cada momento, porque cada momento el hombre valiente va deshaciéndose de lo conocido. Eso es el valor real. Tenemos que deshacernos de lo conocido. Ya lo viviste, ya lo experimentaste; no hay ninguna necesidad de aferrarse a él. Aferrarse sólo evitará que suceda lo nuevo. Lo nuevo necesita espacio: ¿dónde podría suceder si lo viejo está ocupando ese espacio?

El hombre valiente se va deshaciendo del pasado, de lo viejo, de lo conocido, y siempre está listo para ir hacia lo desconocido. Necesita agallas porque uno nunca sabe qué va a pasar al momento siguiente. Es impredecible. Lo familiar es predecible. Incluso aunque sea miserable, estás familiarizado con eso y te has acostumbrado a ello.

La dicha es sólo para los valientes. La dicha es el constante desprendimiento del pasado. La dicha es morir para el pasado, renacer a cada instante.

DÍA **184** Lo más importante de la dicha es que constituye intrínsecamente una paradoja, y por su naturaleza paradójica, casi siempre ha sido malentendida. La paradoja es que el hombre necesita hacer un gran esfuerzo, y aun así la dicha no se da por el esfuerzo, siempre se da como un regalo de la existencia. Pero sin esfuerzo el hombre nunca se vuelve capaz de recibir el regalo. Aunque el regalo siempre esté disponible, el hombre permanece cerrado.

Así que toda empresa humana no es la verdadera

causa de alcanzar la dicha; no puede causar la dicha, sólo puede quitar las barreras. Es un proceso negativo. Es como si estuvieras viviendo en un cuarto cerrado, todas las ventanas, todas las puertas están cerradas: el sol ha salido, pero tú estás en la oscuridad. El sol no sale gracias a tus esfuerzos. Hagas lo que hagas, no puedes lograr que el sol salga, pero puedes abrir tus puertas o mantenerlas cerradas: eso depende de tu esfuerzo. Si abres las puertas, el sol queda disponible para ti, de otra forma, sólo espera fuera de tu puerta, sin siquiera tocar. Puedes vivir en la oscuridad toda la eternidad, cuando lo único que se necesitaba era quitar las barreras entre el sol y tú.

DÍA **185** Uno tiene que ser dichoso para que la divinidad entre en su ser, porque a menos de que estés bailando y cantando y celebrando, no estás listo para la divinidad. La divinidad es celebración, la divinidad es una danza, la divinidad es una canción. La divinidad no puede sucederle a la gente que esté triste y seria, la divinidad no le puede suceder a la gente miserable.

La miseria hace que la gente se encoja, la dicha hace que se expanda, la vuelve amplia, y la divinidad necesita todo el espacio, sólo entonces el cielo puede entrar en ti. Te tienes que volver casi tan vasto como el cielo, y esto sólo es posible en dicha absoluta.

DÍA **186** Un hombre de consciencia sabe que la vida está cambiando constantemente. La vida es cambio. Sólo hay una cosa permanente y es el cambio. Todo lo demás, excepto el cambio, se transforma. Aceptar esta naturaleza de la vida, aceptar esta existencia cambiante con todas sus estaciones y estados, este flujo constante que no cesa ni por un instante es ser dichoso; entonces nadie podrá turbar tu dicha.

Es tu ansia de permanencia lo que te causa conflictos. Tú quieres vivir una vida sin cambios y eso no es posible, estás pidiendo lo imposible.

El niño se convertirá en un joven, el joven se volverá viejo. El que ayer estaba vivo, hoy estará muerto. Si aceptas todo este cambio, esta situación, y le permites suceder gozosamente, sabiendo que así es la vida, entonces nadie te podrá distraer de tu dicha.

DÍA **187** Todo cambia: nada permanece igual, ni siquiera dos instantes consecutivos. Entonces desaparece todo el deseo de mantener las cosas como si fueran eternas. Y, en esa desaparición, tú eres libre. De pronto, sientes una gran libertad; ya nada te perturba, nada te puede perturbar.

Las cosas te perturban porque esperas algo más, y no está sucediendo de ese modo. Las cosas te frustran porque esperas algo más, y no suceden como esperas; suceden de otra forma, no están cumpliendo tu deseo. Van a su manera, no te hacen caso. En casi todas las lenguas del mundo existe este proverbio: «El hombre propone y Dios dispone». Es una completa estupidez. En el momento en que propones algo, te estás metiendo en problemas. ¡No hay nadie para disponerlo! Pero tu mera proposición causa conflicto porque la vida es impredecible.

Uno nunca sabe qué va a pasar, y es hermoso que uno nunca sepa lo que va a pasar. Ésa es la emoción y el éxtasis de la vida, es una sorpresa constante.

DÍA **188** La vida empieza cuando la dicha entra en tu ser, pero para ello tienes que ser vulnerable: abrirte al viento y a la lluvia y al sol, abrirte a la existencia. Se necesitan agallas para ser abierto porque es peligroso; vivir es peligroso, morir es muy cómodo. De hecho, no hay lugar más cómodo que la tumba: sin problemas, sin ansiedades, uno simplemente se fue a dormir para siempre.

La gente vive una vida parecida a la muerte, cómoda, práctica. Pero les falta toda la emoción, la aventura, el sabor, el jugo.

Recuerda que lo primero y más importante para un hombre inteligente es buscar la dicha. Una vez que estés en contacto con la dicha, una vez que la hayas probado, habrás renacido. Entonces empieza la vida real; entonces sabrás de qué se trata todo.

DÍA **189** Sólo una persona dichosa puede ayudar a otras. Sólo la dicha te puede volver compasivo, sólo la dicha puede crear una bella energía en tu vida que ayude a los demás, que sirva a los demás. Sin dicha no puedes servir a nadie. Podrás pensar que estás sirviendo, pero simplemente estarás haciendo daño. Podrás pensar que estás ayudando, pero quizá estés haciendo algo más.

Una persona miserable sólo le puede dar miseria a los demás. Sólo podemos dar lo que tenemos. No es cuestión de buenas intenciones. Quizá quieras ayudar, pero estarás haciendo algo más. A menos de que haya una energía de dicha dentro de ti, desbordándose, estás condenado a hacer daño.

Ésta es una diferencia básica que quiero hacer, porque hasta ahora mucha gente ha servido a la humanidad en nombre de la religión; ellos mismos son miserables y se convierten en grandes sirvientes de la humanidad. Sirven al pobre y al lisiado, sirven al enfermo, abren hospitales y escuelas y hacen todo tipo de cosas. Sólo crean malas acciones. No ayudan a nadie. Todo se trata de una competencia de egos.

Los padres creen que ayudan a sus hijos, pero sólo los destruyen. No estoy diciendo que no quieran ayudar; sí quieren, pero son incapaces. Sus padres los destruyeron y ahora ellos están destruyendo a sus hijos, así, la miseria continúa, se acumula, se vuelve cada vez más grande.

Por lo tanto, no les digo a mis sannyasins que sean sirvientes de la humanidad. Les digo que mediten, que bailen: regocíjate y el servicio llegará. No es necesario hablar de él: llega por voluntad propia, como una sombra. Te sigue y, luego, es una bendición.

DÍA **190** La gente cree que se enamora porque alguien o algo es bello. La verdad es lo contrario: algo parece bello porque te has enamorado, no viceversa. Es el amor lo que hace que todo sea bello.

Cuando estás enamorado de alguien o de algo, de pronto su belleza se te revela.

Es después cuando la mente empieza a calcular «¿Por qué me enamoré?». Empieza a pensar en retrospectiva. Por supuesto, así es como funciona la mente. Así que llega a una conclusión equivocada; pone al caballo detrás de la carreta. Y sigue diciendo: «Te amo porque eres tan hermosa», pero la verdad es: «Eres tan hermosa porque te amo».

DÍA **191** La única evolución digna de ser llamada evolución es la de la dicha. Si la dicha no crece, tú no estás evolucionando. Si la dicha no crece, la sociedad no está evolucionando. De hecho, lo que la gente comúnmente entiende por evolución y progreso es una completa estupidez. Tecnología cada vez más complicada no quiere decir evolución. Es demasiado superficial. Podrás tener más aparatos, pero eres la misma persona. Podrás llegar a la Luna o incluso a las estrellas un día, mas harás en la Luna lo que estás haciendo en la Tierra. Si has estado fumando aquí, fumarás allá. Si has estado jugando cartas aquí, jugarás allá. Si has estado bebiendo cerveza aquí, llevarás cerveza a la Luna. ¿Qué más harías allá?

Si el hombre sigue siendo el mismo, no hay evolución. Entonces seguimos viviendo en una especie de evolución falsa, una evolución sustituta que da la falsa apariencia de que el hombre evoluciona. Pero el hombre no ha evolucionado en siglos. Sólo unos cuantos individuos desperdigados han evolucionado. Podrás encontrarte a un Buda o a un Jesús o a un Zaratustra o a un Lao-Tsé, a un Francis, a un Kabir, a un Bahauddin; son muy pocos. Aquéllos que realmente han probado el néctar de la dicha son seres humanos evolucionados.

DÍA **192** El enfoque místico ante la vida es la búsqueda de la dicha última. No tiene nada que ver con Dios como tal, directamente. Por supuesto, Dios viene en la experiencia de lo místico, pero la búsqueda es por la dicha. Cuando encuentra la dicha, encuentra también a Dios, como la otra cara de la moneda. Por lo tanto, el misticismo no tiene ideología de ateísmo o teísmo. No tiene creencia alguna; es simplemente una indagación dentro de la verdad, dentro de la propia verdad de la existencia. Cualquiera puede ser un místico, no se necesita ninguna creencia. Buda es un místico sin ninguna creencia en Dios, sin siquiera creer en el alma. Si uno observa desde fuera, Buda es una de las personas más ateas que jamás haya pisado la Tierra. Pero si uno observa desde dentro de su ser, entonces es el mayor teísta de todos los tiempos. Ése es el misterio del misticismo.

La religión ordinaria cree; la mística experimenta. Y en torno a la dicha no puede haber discusión, pelea; todos la buscan. El teísta, el ateo, el cristiano, el hindú, el mahometano, el católico, el comunista, todos la buscan. Y no sólo el hombre: los animales, las aves, los árboles: todo lo que *es* se mueve hacia la dicha, a sabiendas o sin saberlo. El místico va a sabiendas: ésa es la diferencia —la diferencia que sí hace diferencia— porque si vas sin saberlo, es casi imposible alcanzarla. Es sólo a través de una consciencia muy, muy profunda, que uno puede alcanzar la cima de la dicha.

DÍA **193** Continuamente estamos pensando, 24 horas al día, día tras día. Es un estado muy demente. La mente va fabricando todo tipo de deseos y sueños y nosotros seguimos nublados por esos deseos y pensamientos. No hay ninguna otra barrera entre nosotros y la verdad excepto esos pensamientos continuos. El pensamiento tiene que parar, y puede parar porque no es un estado natural en absoluto; es un estado antinatural y enfermo. Se nos ha enseñado a ser así. Nuestros colegios, nuestras escuelas, universidades, todos nos enseñan cómo pensar, todos nos enseñan cómo activar la mente y nadie nos dice cómo apagarla.

Mi trabajo es enseñarte a apagarla. Es buena cuando se necesita —úsala— pero cuando no se necesita, apágala y cae en silencio profundo. Sólo en esos espacios silenciosos te visita la divinidad, y sólo en esos espacios silenciosos te vuelves consciente del enorme esplendor de la existencia. La vida de pronto se vuelve tan significativa, tan importante, que no podrías haberla imaginado antes. Cada momento se vuelve tan precioso que uno no puede agradecerle lo suficiente a la existencia.

DÍA **194** Las personas ruidosas no pueden ser dichosas, uno necesita la música del silencio. Y nuestras mentes son demasiado ruidosas. Cargamos con un mercado casi entero en la cabeza, con todo tipo de basura. No somos uno, somos una multitud dentro, mucha gente que se está peleando constantemente, discutiendo, tratando de dominarse unos a otros. Cada fragmento de nuestra mente quiere volverse el más poderoso. Hay políticas internas constantes.

La dicha sólo es posible si se detiene esta guerra continua. Y sí puede parar; no es muy difícil trascenderla. Todo lo que se necesita es consciencia. No estamos conscientes de que suceda todo este fenómeno. Se da adentro como una corriente subterránea. Casi no nos percatamos de él. Siempre está ahí, día tras día, pero no somos conscientes de ello.

Hazte consciente de ello. Despacio, observa las capas sutiles del ruido, y despacio, despacio, te volverás consciente de todo el parloteo, como si hubiera un manicomio dentro de la cabeza. ¡Y vivimos en esta pesadilla!

A través de la observación, sucede un milagro: lo que sea que puedas ver, se empieza a evaporar. Y en el momento en que se evapora, te quedas con un silencio profundo. Al principio, son sólo intervalos, pequeñas brechas en que se detienen los pensamientos, en los que puedes ver la realidad a través de pequeñas ventanas. Pero poco a poco esas brechas se vuelven más grandes; empiezan a aparecer más seguido, y luego empiezan a durar más.

Los místicos antiguos han calculado, y yo estoy totalmente de acuerdo con ellos, que si una persona puede permanecer en silencio total durante 48 minutos, alcanza la iluminación, se vuelve absolutamente dichosa. Y luego no hay marcha atrás. Has ido al más allá; has trascendido el tiempo y sus constantes arenas movedizas. Has alcanzado la piedra de la eternidad.

DÍA **195** La mente siempre es mediocre. La mente nunca brilla, nunca es brillante. Por su propia naturaleza no puede serlo. La mente es recolectora de polvo. La mente significa el pasado. Siempre está muerta; no es nada más que una acumulación de recuerdos. ¿Y cómo podría brillar el polvo? ¿Cómo podría ser inteligente el pasado? Está muerto. Sólo lo vivo puede tener la cualidad de la inteligencia, de la brillantez.

La meditación es brillante, brilla, es original. La mente siempre es repetitiva, vieja; es un depósito de chatarra. Nada se ha logrado a través de la mente. Todo lo que se ha logrado se ha logrado a través de la meditación, no sólo en la religión, también en la ciencia. Claro que en ciencia la meditación es inconsciente; los momentos de meditación son accidentales en ciencia, pero todos los avances se han dado en brechas intuitivas. No se han dado a través de la mente, sino más allá de la mente.

Ésta es una confesión de todos los grandes científicos: los desconcierta que cualquier aportación original que han sido capaces de hacer no sea realmente suya. Viene de algún lugar que no conocen. Ellos son sólo vehículos, a lo mucho médiums. Pero en la religión, la meditación es muy deliberada y consciente. La religión practica meditación. En ciencia, es accidental, en religión, es deliberado.

DÍA 196 Mi intención es aportar una síntesis entre el enfoque científico y los valores religiosos. En la superficie se ven muy opuestos. Pero sólo en la superficie. En el fondo hay algo que los hace complementarios, no contradictorios. Sus campos son diferentes. La ciencia trabaja sobre el mundo objetivo y la religión sobre el subjetivo, pero el enfoque es el mismo. La ciencia trata de conocer la verdad de la realidad exterior, y la religión trata de conocer la misma verdad sobre la realidad interior.

Y, por supuesto, la religión trabaja en un plano superior porque el científico podrá saber muchas cosas sobre objetos, materia, electricidad, esto y lo otro, pero es completamente inconsciente de sí mismo. El científico no sabe nada del propio científico que es, pero sabe todo sobre todo lo demás.

Esta situación es asimétrica. La ciencia se volverá

perfecta sólo cuando acepte a la religión como meta final. Y la religión sola tampoco es perfecta, porque no se puede vivir sólo en el interior. Necesitamos pan y vestido y todo tipo de cosas que sólo la ciencia puede proporcionar.

DÍA **197** La mente vive en duda. La duda es el ambiente esencial para que la mente exista. De la misma forma, la confianza es el ambiente en el que crece el corazón. Son polos opuestos. Si uno quiere vivir en la mente, tiene que ir aumentando la duda. Entonces, debería esforzarse por acrecentar la duda, por volverla absoluta para que no haya forma de llegar a ninguna conclusión.

La ciencia depende de la duda porque es un proyecto de la mente; por lo tanto, la ciencia nunca llega a ninguna conclusión. En el mejor de los casos, llega a conclusiones hipotéticas. Y cuando una conclusión es hipotética, no es concluyente. Simplemente significa «por el momento»: acrecentaremos la duda cada vez más y luego tendremos que cambiar de conclusión. Así que la ciencia siempre es aproximadamente verdad, nunca exactamente verdad. No puede afirmar decir la verdad, ése no es su territorio.

La religión es justo lo contrario: funciona a través de la confianza, de la fe. Es un enfoque totalmente distinto de la vida. Es un enfoque a través del amor. Por eso la religión llega a conclusiones y le ayuda a la gente a centrarse, a relajarse, a descansar. Con una hipótesis no puedes descansar nunca, nunca puedes estar en calma. Sabes que es sólo una hipótesis, mañana cambiará. ¿Cómo podrías construir tu casa en tales arenas movedizas?

DÍA **198** La ciencia nunca puede ser un refugio para el hombre. Le puede dar más comodidad, practicidad, un mayor estándar de vida, pero no le puede dar una mejor calidad de vida, eso es imposible. Eso sólo puede suceder a través de la religión, porque la religión te ayuda a sentirte en casa, te da algo seguro por lo cual vivir. Te da una piedra sobre la cual construir tu templo, y esa piedra es la confianza. Conforme crece tu confianza, crece tu dicha. Conforme crece tu duda, crecen tu tensión y tu miseria.

La duda termina en angustia y ansiedad. Por eso el enfoque científico está condenado a volver loca a la gente; está volviendo loco al mundo. Y recuerda: no estoy en contra de la ciencia en absoluto, pero me gustaría que el hombre se concentrara primero en el corazón y luego usara la ciencia como medio. Nunca puede ser la meta, nunca puede ser el fin. Sólo puede ser un buen sirviente, nunca el amo.

El amor tiene que ser el amo, la duda tiene que ser su sirviente, entonces todo está en su lugar. De otra forma, la duda se vuelve el amo; empieza a invadir el territorio del amor y de la confianza, y luego lo destruye todo. Es como si el cáncer se volviera un amo. Hay que ponerlo en su lugar.

No estoy en contra, tiene que usarse. La ciencia tiene que usarse para las comodidades humanas, para su practicidad. Puede traerle muchos beneficios a la humanidad, pero nunca puede consagrarse como un dios. No es su asunto, pero eso es lo que ha pretendido hacer la ciencia. Por eso la humanidad entera se siente en un desierto en el que se ha perdido todo el sentido. La vida se ha vuelto insignificante, sin valor. En el mejor de los casos, podrás arrastrarte, pero no podrás bailar.

A través de la confianza llega la danza, la celebración, la dicha, la bendición.

DÍA **199** Sabemos que el amor es momentáneo. Un día está y al otro se ha ido. Su carácter de momentáneo muestra que no es amor verdadero; es algo más disfrazado de amor, quizá lujuria, una urgencia biológica; una necesidad psicológica, el miedo a estar solo, un intento por mantenerse ocupado con el otro, por llenar la vacuidad de una u otra forma. Puede ser mil y una cosas, pero no es amor. Si fuera amor... La cualidad más esencial del amor es su perdurabilidad.

Una vez que hayas probado la eternidad del amor, la atemporalidad del amor, estarás transformado. Entonces ya no serás parte del mundo mundano; entrarás al mundo de lo sagrado, de lo santo. Por supuesto que puedes seguir viviendo de la misma forma ordinaria. De hecho, te vuelves más ordinario de lo que eras antes. Pierdes todas las pretensiones, todo el ego. Se te olvida el asunto de ser alguien, te vuelves completamente ordinario.

Pero en esa ordinariedad hay resplandor, gracia, belleza, un gran esplendor. Estás lleno de luz porque estás lleno de amor, estás lleno de gozo porque estás lleno de amor. Siempre estarás listo para compartir porque habrás tropezado con una fuente inagotable. Ya no puedes ser avaro.

DÍA **200** El amor del que hablo no tiene nada que ver con las llamadas relaciones. Nuestras relaciones son arbitrarias. El amor que es eterno se relaciona, pero nunca crea relaciones. Se relaciona: con los árboles, con el sol, con la luna, con el viento, con la gente, con los animales, con la Tierra, con las piedras. Es un relacionarse las 24 horas al día, pero no crea ninguna relación.

Relacionarse es como un río: es un flujo, un movimiento, es dinámico, está vivo, y es una danza. Una relación es algo estancado, algo que se ha vuelto rancio, algo que ha dejado de crecer, algo atrofiado. Y cuando hay algo que ha dejado de crecer, te empiezas a aburrir, te empiezas a sentir triste. Te rodea la desesperación y surge una gran angustia en ti porque empiezas a perder contacto con la vida.

La vida siempre es como un río, y la gente se ata a algo: una esposa, un marido, un amigo. Cuando uno está atado, se enoja, porque nadie quiere perder su libertad. El mayor gozo del hombre es ser libre. Y la estupidez de la mente humana es tal que continuamente va creando situaciones en las que pierde la libertad una y otra vez. Entonces eres como un ave, pero tu alma sufre porque no puede volar, ¿y qué es un ave que no puede volar? ¿Qué es un ser que no es parte de un flujo, que no crece?

El ser está vivo cuando es devenir. Ser es devenir. Si dejas de devenir, tu ser se vuelve una piedra muerta; y si sigues en movimiento, eres como un loto que sigue abriéndose.

DÍA **201** Nunca, nunca, ni por un instante, pierdas tu libertad. Y nunca destruyas la libertad de nadie más. Eso es lo que significa para mí la religión. Una persona realmente religiosa sigue siendo libre y ayuda a ser libre a la gente que entra en contacto con ella. Nunca posee a nadie y nunca deja que nadie la posea.

Necesita vigilancia constante porque la mente siempre quiere aferrarse, y al aferrarnos, perdemos. Al aferrarnos empezamos a suicidarnos. Entonces surge una situación muy extraña: odiamos a la persona que amamos, queremos destruir a la persona a la cual nos aferramos.

Una situación muy muy extraña, pero si la entiendes es perfectamente clara y lógica. Odias a esa persona porque ha destruido tu libertad. Odias esa situación porque estás encarcelado dentro, eres un prisionero. Y te aferras porque lo conocido y lo familiar te dan cierta comodidad y le temes a lo desconocido, al más allá.

Así que sigues haciendo algo autocontradictorio: por un lado, te aferras, por el otro, quieres libertad, y eso es con lo que la gente del mundo está luchando. Se aferran a todas las jaulas de las que quieren liberarse y su vida entera sigue siendo un ejercicio fútil. No pueden ser libres porque se aferran, y no pueden destruir la jaula porque entonces no hay nada a qué aferrarse. Y tampoco se pueden deshacer de la idea de ser libres porque es su naturaleza intrínseca. Es imposible deshacerse de ella, no hay forma de hacerlo.

Ni un solo ser humano ha podido hacerlo hasta ahora, y nadie va a lograrlo nunca porque no es que amemos la libertad: de hecho, *somos* libertad y sólo podemos crecer en libertad.

DÍA **202** Es bueno que en Occidente estén llamando caja idiota a la televisión; de hecho, sólo los idiotas se sientan frente a ella. La caja no es tan idiota como la gente que se sienta frente a ella. Y siguen sentándose ahí… Hoy en día, el estadounidense promedio se sienta frente a la caja idiota entre cinco y seis horas diarias, pegados al asiento. Si esto sigue así, Estados Unidos se volverá el país más estúpido del mundo. De alguna forma se tienen que librar de esta tontería.

¿Y qué es lo que ven? Los mismos asesinatos y la misma violencia y violaciones y las mismas historias de antes, los mismos triángulos: dos mujeres, un hombre, o dos hombres y una mujer. ¡Es una estupidez inmensa! El hombre ha estado escribiendo la misma historia una y otra vez, y hay tontos que siguen viéndola. La historia es la misma, la trama es la misma, la estrategia es la misma. No hay nada nuevo.

Es mucho más interesante observar tu propia mente, porque está mucho más loca y también es mucho más inventiva. Si simplemente la observas, te sorprenderás. Encontrarás más posturas para hacer el amor de las que haya encontrado cualquier psicólogo… Derrotarás a todos los Masters y a los Johnsons y a los informes Kinsey, y al viejo maestro Vatsyayana y todas sus posturas para hacer el amor. Tu mente es perfectamente capaz de inventar tales posturas absurdas. ¡Y la mente es tan interesante! Cometerás todo tipo de violencia y todo tipo de asesinatos, y te suicidarás y todo sucederá, simplemente sigue observando. ¡Y el milagro es que no tienes que pagar por ello!

Entonces, despacio, despacio, todo el escenario empieza a desaparecer. Conforme te vas volviendo más alerta, empieza a desaparecer, conforme te vas volviendo más consciente, pierde su control sobre ti. Y un día sucede el mayor milagro de la vida: la mente simplemente desaparece y hay una vasta vacuidad y nada que observar. Te habrás quedado en una soledad absoluta —eso es la meditación— y de esa soledad brotan miles de flores de dicha, de belleza, de verdad, de divinidad.

DÍA **203** Por lo general, la gente no está contenta cuando está sola. Se sienten muy vacíos, sienten que algo les falta. No pueden vivir solos por periodos largos; incluso una hora parecen muchas. Se escapan hacia una relación. La relación es sólo un escape de uno mismo. No es una verdadera relación, es negativa: un hombre se enamora de una mujer sólo para evitar su soledad, una mujer se enamora de un hombre sólo para evitar su soledad. Su relación es negativa, ¿y qué se puede esperar de una relación negativa? Miseria, discusiones, caprichos, peleas, celos, posesividad, dominación: todo tipo de cosas feas.

Una relación positiva es totalmente diferente. No intentas escapar de ti mismo. Amas ser tú mismo, amas tu soledad, te regocijas en ella y, cuando encuentras el tiempo, te mueves hacia ella. Pero en la soledad se crea tanta dicha que tienes que compartirla. Se vuelve como una carga, como una nube llena de agua: tiene que llover. No importa si la tierra lo necesita o no, no importa si los árboles son receptivos o no; tiene que llover, tiene que descargarse.

Recuerda, la mayor carga de la vida es cuando estás desbordando dicha. Todo lo demás se puede cargar, pero la dicha tiene que compartirse. Es la mejor carga, dulce pero montañosa. No la puedes cargar solo; necesitas amigos con quienes compartirla. Entonces, una relación es positiva. Entonces no te enamoras, te elevas en amor.

DÍA **204** La vida puede ser un cálculo. Entonces es prosa, mundana, aritmética, lógica. Pero todo está seco, sin flores, sin danza, sin canciones. Uno no vive, sólo se arrastra.

Pero la vida también se puede vivir como poesía, como amor, como música, como celebración. Y nosotros decidimos cómo vivirla. Siempre están abiertas ambas alternativas.

El hombre nació como libertad. El hombre no nació con un destino. Si hubiera destino, no habría libertad; si hubiera destino, el hombre sería una máquina. Un coche no puede ser un avión, un avión no puede ser una computadora, una computadora no puede ser un horno. Tienen su propio destino, todo está determinado, predeterminado; tienen que seguir un determinado programa.

Pero el hombre no nació como máquina; el hombre nació como una libertad absoluta. A cada paso tiene que elegir. Y ésta es la decisión más fundamental: si vivir como prosa o como poesía, como lógica o como amor, como matemáticas o como música, como materia o como consciencia, vivir una vida mundana o vivir una dicha sagrada.

Vuélvete consciente de ello y escoge diligente, inteligentemente. Deja que tu vida se vuelva poesía, sólo entonces sabrás lo que es la divinidad. La divinidad sólo la conocen los poetas, los místicos, los pintores, los cantantes, los danzantes, y es sólo en esos momentos que el pintor olvida que es un pintor, sólo en esos momentos el músico olvida que es músico, sólo en esos pocos espacios el danzante desaparece en su danza.

DÍA **205** El amor hace de todos grandes poetas, y si el amor no puede hacerte un gran poeta, entonces nada puede. El amor abre una dimensión totalmente diferente en tu ser. Sin amor, te quedas confinado al mundo de la lógica. Cuando el amor empieza a suceder en tu vida, la lógica empieza a desaparecer; se da una trascendencia de la lógica. Por eso la mente lógica siempre llamará al amor locura, ceguera. La lógica siempre ha tildado al amor de ciego, de loco. Le ha dicho de todo por la sencilla razón de que el intelecto es incapaz de concebirlo.

Es un mundo totalmente diferente. No tiene nada que ver con la aritmética, con la lógica, con la ciencia. Es inconmensurable, incognoscible. Nadie sabe exacta, precisamente, lo que es. Incluso los que han ido hasta lo más profundo se han quedado casi mudos: es inexpresable.

Pero la experiencia es maravillosa, tan llena de éxtasis que explota de muchas formas. Puede explotar bailando, en la música, en la poesía, en la pintura, en cualquier tipo de creatividad. El amor siempre es creativo. Y el mundo ha sido tan destructivo por la sencilla razón de que le hemos enseñado a la gente a reprimir su energía amorosa. El amor reprimido se vuelve destructivo; el amor expresado se vuelve creatividad.

DÍA **206** La vida es vida sólo cuando el amor arde en tu interior: cuando la llama del amor es tan brillante que empieza a irradiar a tu alrededor, que empieza a tocar a otros, la gente puede sentirla; que tu amor se vuelve casi tan tangible que la gente lo puede tocar. Entonces no es sólo una bendición para ti, es una bendición para todo el mundo.

Un hombre real siempre es un enriquecimiento para el mundo, para la existencia; contribuye mucho. Y a menos de que contribuyas con algo, nunca te sentirás dichoso. Es contribuyendo con algo para la existencia que puedes participar en el trabajo del creador, porque tú mismo te conviertes en creador. Ser creador es ser parte de la existencia, no hay otra forma.

DÍA **207** La gente vive vidas minúsculas, ordinarias, sin sentido ni significado, sin gozo, sin sorpresa. Simplemente van girando en un círculo repetitivo, haciendo lo mismo una y otra vez todos los días, desde que nacen hasta que mueren. Ésa no es la forma correcta de vivir. Ésa es una forma lenta de suicidarse.

La forma correcta de vivir es vivir peligrosamente, siempre explorando y siempre alcanzado las estrellas. Entonces la vida se vuelve naturalmente meditativa, porque cada momento trae sorpresas, cada momento es tan nuevo que no puedes pensar en nada: tienes que encontrarlo.

Las personas repetitivas pueden pensar en su vida, planear su vida, porque es predecible. Todos saben qué van a hacer mañana y al día siguiente. Pero la persona meditativa es impredecible; no sólo para los demás, también para sí misma. No sabe qué va a pasar al instante siguiente; por lo tanto, no tiene sentido planear, pensar. Vive una vida abierta; le da la bienvenida a cada momento, fresco, joven. Y con ese corazón acogedor uno se vuelve consciente, despacio, despacio, de algo a lo que se ha llamado Dios, verdad, nirvana, iluminación; diferentes nombres para la misma cosa.

DÍA **208** Hay gente que va recolectando viejas escrituras: entre más viejas sean las escrituras, se cree que son mejores. Hay gente que colecciona dinero, y todo tipo de estupideces… Esa gente en realidad busca su propio tesoro más antiguo, pero busca en la dirección equivocada. Al ir al Éverest, el hombre realmente está tratando de encontrar el pico más alto de la consciencia, pero su esfuerzo entero está fuera de lugar. Ir a la Luna es muy simbólico: el hombre quiere explorar su propia energía lunar, su propia energía silenciosa; la luna representa el silencio, la paz, el lado femenino. Pero en lugar de ir ahí, va a la Luna.

Todos esos intentos están condenados al fracaso. Pero antes de que fracase un intento, ya planeamos el siguiente, y así vamos de un fracaso a otro. La muerte simplemente cierra una larga serie de fracasos.

Ni siquiera la gente que creemos que es exitosa lo es. Alejandro Magno, Napoleón o Iván el Terrible, todos aquellos que han hecho grandes conquistas, en el fondo son muy miserables porque saben perfectamente bien que la muerte se acerca. Todo lo que han acumulado se les quitará, entonces, ¿cuál es el punto de todo eso? No tiene ningún sentido.

El único tesoro que vale la pena buscar es tu propia naturaleza. La verdadera aventura es ir dentro de ti.

DÍA **209** Así como hay un sol en el exterior, hay uno en el interior. El sol exterior sale y se mete, pero el sol interior siempre está ahí. Nunca sale, nunca se mete, es eterno.

A menos de que conozcamos la luz interior y su fuente, vivimos en oscuridad.

Haz todos los esfuerzos posibles para ir hacia adentro. Al principio es difícil, pero sólo al principio. Es como aprender cualquier arte. Aprender a nadar es difícil al principio, pero una vez que tienes la habilidad, es tan fácil que uno se pregunta después por qué era tan difícil. Uno puede simplemente flotar en el río. No necesita hacer nada.

Y así es como empieza a suceder en el interior. Sólo al principio se tiene que hacer un pequeño esfuerzo, una pequeña lucha. Pero pronto uno puede flotar en el río que va hacia el interior. Y te lleva cada vez a reinos de dicha más profundos, cada vez hay más luz, eternidad, divinidad.

DÍA **210** El individuo es un paso, un puente de lo colectivo a lo universal. Primero te libera de lo colectivo, y ya que estás libre de lo colectivo, no necesitas ser un individuo. Te puedes disolver en el todo. Ése es el milagro de la individualidad: en primer lugar, te libera de lo colectivo, y luego muere por voluntad propia, porque sus necesidades están satisfechas, ya no se necesita. Es medicinal: mata la enfermedad y luego tiras la medicina.

DÍA **211** La canción más hermosa es la que no tiene cantante. Una canción es bella cuando tú no eres el cantante, cuando el cantante es la existencia. Cuando tú eres sólo un bambú hueco, una flauta, cuando simplemente permites que la existencia fluya a través de ti, cuando no obstruyes, eso es todo. Por nuestra parte, lo único que se necesita es no obstruir, no interferir.

Si podemos permitir que la existencia fluya a través de nosotros, entonces la vida es un esplendor tal, una gloria tal, que uno no puede pensar que podría mejorar. Ni siquiera podría soñar con la posibilidad de que tuviera un mayor éxtasis. Es imposible imaginarse cualquier cosa mejor una vez que ya no estás en el camino y que la existencia puede fluir.

DÍA **212** En mi experiencia propia, al darnos a luz a nosotros, la existencia ya nos ha aceptado. No tiene sentido el día del Juicio Final. Yo creo en el primer día de juicio, que ya pasó, ya terminó. El día en que Dios decidió crear el mundo, fue el día del juicio. Ese día él debe de haber ponderado, debe de haberse cuestionado si crear el mundo o no, y decidió crearlo. Decidió que era mejor crearlo que no crearlo. Prefirió algo que nada.

Y sea lo que sea que haya creado, es responsable por ello. Yo no soy responsable, tú no eres responsable, nadie es responsable. Toda la responsabilidad es de Dios o de la existencia: todo el bien que haya, le pertenece, todo el mal que haya, le pertenece.

Podemos cerrar el capítulo, no hay por qué preocuparse. Una cosa te puedo decir: conforme uno va entrando más profundo en la meditación, se da cuenta de que no tiene sentido ningún juicio futuro ni estar preocupados. Conforme te vuelves silencioso, empiezas a sentir el amor de la existencia vertiéndose por todos lados. De pronto te vuelves consciente de que te están cuidando, de que no eres ignorado, de que no eres algo accidental, eres intrínseco a la existencia. La existencia te necesita, por eso te creó.

DÍA **213** Dios es tu voz interior. No se necesita ningún sacerdote, no necesitas instrucciones de nadie para la vida. Pero una cosa sí debe hacerse: tienes que ir hacia adentro para que puedas oír la vocecita silenciosa. Una vez que la oyes, una vez que sabes cómo oírla, toda tu vida se transforma. Entonces, lo que sea que hagas, es correcto.

Sócrates dice que el conocimiento es virtud. Con conocimiento no se refiere a capacidad de conocer, se refiere a la intuición, al saber. Su declaración es inmensamente significativa.

La intuición es virtud. No dice qué es virtud y qué es pecado: la intuición es virtud. El hombre que sabe intuitivamente, el hombre que puede oír su centro más profundo, será virtuoso, no puede ser de otra forma. Es inevitable.

Una vez oído, no puedes ir contra él porque nadie puede ser tan tonto, es inimaginable. Toda mi intención aquí —y ha sido la intención de todos los maestros, Buda, Jesús, Zaratustra— es ayudar al discípulo a escuchar su propio centro. No te estoy dando una disciplina, sólo te tengo que ayudar a escuchar tu propio centro y luego a seguir tu propio corazón. Eso es la virtud, y eso es carácter verdadero, eso es la moral verdadera. Pero viene de tu centro más profundo; nada se te impone desde el exterior.

DÍA **214** El hombre vive en la noche oscura del alma. La mañana sucede en el exterior, pero muy rara vez en el interior. Cuando sucede dentro de ti, eres un cristo, un buda. Toda la vida es realmente una oportunidad de alcanzar la mañana interior. El sol interior tiene que salir, y puede salir; sólo nos está esperando. Con sólo una pista de nuestro lado empieza a salir, una pequeña indicación: «Estoy listo para recibir» y «Eres bienvenido», y el milagro empezará a suceder.

Nacimos para ser dichosos, es nuestro derecho de nacimiento. Pero la gente es muy tonta, ni siquiera reclama su derecho de nacimiento. Les interesa más lo que posee la demás gente y empiezan a perseguir esas cosas. Nunca ven hacia adentro, nunca buscan en su propia casa.

La persona inteligente comenzará su búsqueda desde su ser interior —ésa será su primera exploración—, porque, a menos de que sepas lo que hay dentro de ti, ¿cómo podrías buscar en todo el mundo? Es un mundo enorme.

Y los que han buscado dentro, lo han encontrado al instante, inmediatamente. No se trata de un proceso gradual, es un fenómeno repentino, una iluminación repentina.

DÍA **215** Cuando te abres, el encuentro sucede instantáneamente. La existencia siempre está abierta, el problema con nosotros es que estamos cerrados. El sol ha salido, pero nosotros tenemos los ojos cerrados, ¿qué puede hacer el pobre sol? La luz nos baña, pero nosotros vivimos en penumbras. Es muy fácil abrir los ojos, y cuando los abras, toda la oscuridad desaparecerá.

Lo mismo pasa con el mundo interior: la existencia siempre está presente, abierta, disponible, lista para llenarte de amor, gozo, lista para bendecirte, pero nosotros estamos cerrados, no estamos listos para recibir. Vivimos en una celda cerrada sin ventanas ni puertas. Pensamos que es más seguro, más a salvo. Eso no es seguridad, es muerte. Eso es vivir en una tumba.

DÍA **216** Yo no busco otro mundo, uno que esté más allá de la muerte; yo intento transformar este momento aquí y ahora en un paraíso. No me gusta posponer. Toda la gente que dice, «Si eres virtuoso, serás recompensado después de la muerte», te está engañando, porque, ¿quién sabe qué pasa después de la muerte? Nadie regresa para decírnoslo. La gente que nos dice eso no ha aprendido nada. Sólo están repitiendo como loros.

Yo digo que no hay que posponer. Posponer es un truco muy sutil de la mente. Vive el momento en su totalidad. Siempre recuerda que es el único que tienes; no hay otro momento, no hay otro mundo. Este mundo es Dios, no hay otro Dios.

Una vez que esta visión se instala en ti, transforma toda tu vida. Entonces, las cosas pequeñas son muy hermosas. Lo mundano es sagrado, lo ordinario de pronto es extraordinario.

DÍA **217** El oro siempre ha sido simbólico, tanto en Oriente como en Occidente. Durante siglos, los alquimistas han hablado de él, y han sido malinterpretados porque la gente pensaba que estaban hablando de oro de verdad. Pero estaban hablando de oro sólo como metáfora. El hombre puede convertirse en oro, tiene todos los químicos necesarios para esa transmutación, pero los productos químicos tienen que mezclarse en la proporción correcta, calentarse de la forma adecuada para llegar a la temperatura correcta. Eso sólo es posible en una escuela de misterio. Es el mundo de la química interior. Y en el momento en que todo lo que está dentro de ti se coloca en el lugar correcto, surge una gran armonía.

Por lo general, un hombre es como una orquesta en la que no hay director, no hay guía y todos tocan un solo. Aunque sea una orquesta, todos tocan un solo según sus propias ideas, sin preocuparse por los demás, por lo que estén haciendo, sin hacer ningún esfuerzo por que haya armonía; de ahí el ruido, de ahí la locura interna, la demencia. Casi toda la humanidad está loca. Por supuesto que hay diferentes grados: unas cuantas personas están muy locas, y pocas lo están menos, pero una diferencia de grado no es mucha diferencia.

Muy poca gente —cada tanto un Buda, un Lao-Tsé, un Basho, un Jesús— ha podido convertirse en guía de todas sus fuerzas elementales y ha sido capaz de tocar en orquesta, no un solo. Esa poca gente que ha podido traer una armonía a su ser ha conocido la verdad última.

Eso es lo que significa el oro. Es el metal más precioso; por lo tanto, se volvió simbólico.

DÍA **218** Para mí, la oración no tiene nada que ver con las palabras. Es un agradecimiento silencioso; es totalmente silencioso, pero es un agradecimiento profundo. Sólo es posible si aprendes a ser dichoso; de otra forma, no habrá nada que agradecer. Así que yo no les enseño la oración a mis sannyasins, sino la dicha. Baila, canta, sé dichoso, ten una gran alegría.

Deja que tu vida sea una vida de amor y risa, y empezarás a sentir una presencia sutil de oración en ti. Y esa oración no será cristiana, hindú o mahometana, será simplemente oración.

DÍA **219** A menos de que tu corazón cante y baile, no vivirás realmente, sólo te estarás arrastrando: satisfaciendo ciertos deberes, cumpliendo con ciertos rituales, tratando de manejar y mantener la fachada. Pero en el fondo hay vacuidad y un gran temblor, porque uno sabe que en lo más profundo del corazón la vida todavía no está satisfecha, que uno no ha sido capaz de cantar su canción. Cada quien nació con una canción, su propia canción y, a menos de que la cante, seguirá insatisfecho.

Sólo mira al árbol cuando florece y verás un gran contento alrededor, un gran regocijo. Está bailando porque ha llegado a casa; ha cumplido la tarea que se le encomendó. Ya no está vacío, se está desbordando. Las flores sólo llegan cuando el árbol se está desbordando. Y las canciones también llegan sólo cuando uno se está desbordando.

DÍA **220** La dicha es música, música que surge cuando todas tus partes —tu cuerpo, tu mente, tu corazón y tu ser— funcionan en profunda armonía; entonces tu vida se convierte en una orquesta.

Por lo general, sólo hay ruido, no música. El cuerpo va gritando por sus propios deseos; quiere que se le cumplan, no se preocupa por las otras necesidades.

La mente sigue insistiendo en sus ambiciones, deseos, pero no le preocupa en absoluto el corazón, siempre lista para sacrificarlo todo por su propia satisfacción. El corazón va anhelando sus propios sentimientos, emociones, amor. Y el ser es una parte absolutamente desatendida; la hemos olvidado por completo. Va susurrando con una vocecita tranquila dentro de ti, pero nadie la oye porque el cuerpo es muy ruidoso y la mente es muy elocuente, y el corazón es muy persistente. Aunque la mente siga diciendo que el corazón es un tonto, un idiota, un loco, y no se preocupe por él, el corazón no toma nota de lo que pasa en la mente; sigue haciendo cosas sin preocuparse por la mente. Se enamorará y hará mil y una cosas que la mente decía que no hiciera. Y el cuerpo sigue su propio camino.

Así que somos casi una multitud; no una persona, no una unidad, no una unidad orgánica. Y eso es lo que falta.

La vida puede convertirse en armonía. Todas esas partes que están tocando un solo pueden formar parte de la orquesta. Sólo necesitas una guía que pueda unir esos cuatro elementos, que los ayude a entenderse, a ayudarse mutuamente. Eso es lo que sucede con la meditación, a través de la consciencia. La consciencia se vuelve la guía y despacio, despacio, persuade a las distintas secciones de tu ser a unirse en armonía.

DÍA **221** La risa es una de las experiencias más divinas, pero muy poca gente se ríe realmente. Su risa es poco profunda. Ya sea intelectual o sólo una fachada, o una formalidad, o un manierismo, pero nunca es total.

Si un hombre puede reír totalmente, con todo el

corazón, sin retener nada, en ese preciso instante puede suceder algo inmenso, porque la risa, cuando es total, está absolutamente libre de ego y la única condición para conocer la divinidad es estar libre de ego.

Hay muchas formas de no tener ego, pero la risa es la más hermosa.

DÍA **222** El hombre, por lo general, vive una vida muy parcial, muy poco entusiasta. Vive de forma tibia, ni caliente ni frío, ni esto ni lo otro. Su vida carece de pasión, de intensidad. Y por eso es sosa, mediocre.

La vida adquiere un sabor totalmente nuevo cuando la vives totalmente, intensamente, apasionadamente, cuando corres el riesgo. Entonces surge en ti una gran inteligencia. Al correr el riesgo, te vuelves afilado como una espada. Pero las espadas de la gente que nunca se arriesgan van acumulando polvo; sus espejos van acumulando polvo. Sus espadas se oxidan, se vuelven inútiles. Y eso es lo que les pasa a millones de personas y a sus almas.

Mi intención aquí es ayudarte a limpiar el polvo del espejo de tu consciencia, limpiar la espada de tu inteligencia. Y la única forma es vivir a 100°C, porque es el punto al que sucede la evaporación. El ego desaparece y eres parte del todo. Y ser parte del todo es ser sagrado.

DÍA **223** Ser alegre es ser religioso, ser triste es ser irreligioso. Por lo tanto, según mi evaluación, los llamados santos no son santos en absoluto. Se ven tan tristes, tan sosos, tan muertos que, ¿cómo podrían estar experimentando a Dios? Si la experiencia de Dios te trae tal tristeza, entonces no vale la pena. Si la experiencia de Dios vuelve tan sosa a la gente, con caras tan largas, entonces más vale evitarlo. Incluso si te lo encuentras por casualidad, huye.

Ésa no es mi visión de Dios. Ése debe de ser el diablo disfrazado de Dios ante esos santos; los debe de haber engañado. Dios sólo puede significar celebración, Dios sólo puede significar festividad. Para mí, Dios no es nada más que la dimensión festiva. Así que sé dichoso y deja que la dicha sea tu oración.

DÍA **224** El verde representa la vida, la vitalidad, la frescura. Es el color de los árboles. Durante miles de años, las llamadas religiones destruyeron todo lo verde en el ser humano. Dejaron al hombre casi como un árbol muerto: sin follaje, sin flores, sin savia que fluya. Por eso la humanidad parece tan triste y aburrida. Quiero llevarle la danza de vuelta a la humanidad. Deseo que los seres humanos estén arraigados en la Tierra otra vez para que pueda fluir la savia otra vez, para que el gran follaje, el gran verdor sucedan otra vez.

A menos de que uno florezca, se queda desconectado. Un árbol está satisfecho cuando tiene flores, y el hombre se satisface de la misma forma. Las flores del amor, de la dicha, de la libertad, de la inteligencia, de la divinidad, sólo esas flores pueden dar la sensación de satisfacción. Y la persona satisfecha nunca está triste.

Para mí, la persona satisfecha es santa; los demás sólo fingen.

DÍA **225** El hombre tiene energías primarias. Tiene que refinarse, y luego, las mismas energías primarias que generalmente crean miseria, oscuridad, desesperación, empiezan a crear una gran dicha, una gran celebración. Son las mismas energías, sólo tienen que pasar por un sutil proceso de meditación, por un ligero refinamiento.

Por ejemplo, el sol tiene la misma luz que la luna. De hecho, la luna no tiene luz propia —simplemente refleja la luz del sol— pero se puede ver que la diferencia es enorme. La luz del sol es dura, agresiva, caliente, violenta, ardiente. La misma luz reflejada por la luna de pronto se vuelve fresca, relajante, tranquila, serena.

Puedes mirar a la luna por horas, pero no puedes mirar al sol. Si lo miras, te quemará los ojos, destruirá el sistema nervioso de tu cerebro. Pero la luna es muy relajante, nutritiva. La luz de la luna básicamente no es diferente, pero ha pasado a través de ella.

La meditación es como la luna: transforma la energía de la lujuria en amor, la ira en compasión, la avaricia en compartir, la agresividad en conciliación, el ego en humildad. La luz de la luna representa algo muy importante porque tienes que pasar por el mismo proceso, del sol a la luna, de lo extrovertido a lo introvertido, de fuera hacia adentro. Y entonces empiezan a suceder milagros, milagros increíbles. Uno podrá no haber soñado nunca, nunca imaginado que tales bellezas eran posibles. Y entonces, por primera vez, uno se siente agradecido con la existencia y la oración surge naturalmente.

DÍA **226** Cada instante es inestimablemente valioso, cada instante es un regalo tal que uno no puede agradecerlo lo suficiente. No hay forma de mostrarle nuestra gratitud a la existencia. Su regalo es de proporciones tan inmensas que no lo merecemos. La existencia ha regalado su abundancia.

Al saber esto, al sentirlo, uno se vuelve dichoso. Y de esa dicha surge la gratitud hacia la existencia. Esa gratitud es la oración.

DÍA **227** La vida es un milagro. De hecho, no hay explicación de su existencia, no se ha explicado su razón de ser. Ni el filósofo ni el teólogo, ni siquiera el científico, han sido capaces de explicar por qué debe existir la vida. Y yo creo que nunca se va a explicar; el misterio permanecerá. El misterio no puede ser desmitificado porque no es cuestión de saber más; de hecho, la vida es una especie de milagro. No debería existir, pero existe.

¿Qué necesidad hay de rosas y lotos y miles de flores? No parece haber ninguna necesidad intrínseca. Si no estuvieran, no faltaría nada. Si nosotros no estuviéramos, la Tierra seguiría girando alrededor del sol sin que le hiciéramos falta. La existencia seguiría su rumbo. Las estrellas estarían ahí y la luna saldría y los árboles crecerían y todo sería como es. Pero la vida ha sucedido, y no sólo la vida, sino la consciencia, el amor. Son milagros tras milagros.

DÍA **228** En la mañana, cuando el sol está a punto de salir, debería haber cantos, danzas, así como las aves danzan y los árboles se balancean en el viento y todo mundo está impaciente, esperando a que el sol salga por el horizonte, y de pronto sale. Es una canción de bienvenida, la canción más hermosa porque es el inicio del día, el inicio de un nuevo día, un nuevo nacimiento.

En Oriente, nos han enseñado que irse a dormir cada noche es una pequeña muerte. Y lo es, porque en el sueño se te olvida por completo quién eres. Si mueres mientras duermes, nunca sabrás cuándo moriste o incluso si alguna vez estuviste vivo. Así que dormir es una pequeña muerte, una minimuerte.

Y cada mañana es un mininacimiento, un nacimiento nuevo, y tienes que alabar la existencia: te ha dado otro día. No lo merecemos, hemos desperdiciado el día de ayer, todos los días de ayer. Pero es generosa, nos ha dado más de una oportunidad de tratar, de vivir, de regocijarnos, de ser totales.

DÍA **229** La mañana nunca está lejos; simplemente necesita que el corazón se abra y cante una canción de bienvenida, y ahí está. Sólo está esperando a que cantes con todo el corazón. Cuando empieces a bailar, el sol no podrá resistir la tentación de salir por el horizonte.

Yo a veces siento que, si un día todos los pájaros decidieran no cantar, el sol no saldría. ¿Para qué? Si todos los árboles decidieran no abrir sus flores, «Espera a que el sol salga primero», el sol no saldría. Tiene que haber una conexión interna, no puede ser un asunto unilateral. No es sólo que el sol salga y las flores se abran y los pájaros canten, no. Lo contrario también es cierto: las flores salen, los pájaros cantan y el sol sale. Tiene que ser bilateral.

La vida siempre es interdependiente. Los poetas lo han sentido así. Tennyson dijo: «Si yo pudiera entender a una sola flor, raíz y todo, entonces entendería a todo el universo». Y tiene razón, pero en los poetas sólo ha sido un sentimiento. Los místicos lo han visto, *han experimentado* que es así.

DÍA **230** La música interior tiene una cualidad extraña. La música exterior necesita un instrumento, una dualidad: el músico y el instrumento. La música interior no necesita dualidad, el músico es la música, el músico es el instrumento, el músico es todo. No hay división. La gente zen lo llama el sonido de una mano aplaudiendo. No, una mano no puede aplaudir. Simplemente están demostrando que en el interior sucede el sonido de una mano aplaudiendo. Se necesitan dos manos para aplaudir. Ésa es la música exterior, dos manos aplaudiendo. Es fácil aplaudir a dos manos; hay un conflicto, una lucha, un choque. Pero la música interior, *anahato*, significa silencio, el sonido del silencio.

El silencio tiene su propia música. Sólo lo pueden oír aquéllos que se han deshecho de todo ruido que viene de la cabeza. Sólo se puede oír desde el corazón, no en la cabeza. Los sesudos se lo pierden. Sólo los que están llenos de corazón, llenos de amor, pueden oírla.

Ésta es la música que te ayuda a ir más allá. Se convierte en un puente de arcoíris. No puedes asirlo con la mente; no puedes aprehenderlo con la mente. La mente se tiene que dejar de lado, completamente de lado, y entonces, de pronto, aparece.

Ése es el arte de la meditación, dejar la mente de lado, lentamente, y llegar a la música interior, entrar en sintonía con el mundo interior de la unidad. Podrás llamarlo la experiencia de Dios, Tao, verdad, *dhamma*; en realidad no es nada más que la experiencia de la mejor música.

DÍA **231** Si escondes una flor en un cuarto donde no entra el sol ni el viento, podrás pensar que la estás protegiendo, pero la estás matando; estás cometiendo un asesinato. Es con buenas intenciones, por supuesto: es por el bien de la flor, porque fuera de ahí está el viento y hay mucha lluvia y sol, y tú quieres proteger el delicado brote. Para que pueda convertirse en flor, lo escondes en tu cuarto y cierras todas las puertas y ventanas. Morirá.

Sólo podrá abrirse cuando esté conectada con el sol, sólo podrá abrirse cuando pueda bailar al viento, cuando pueda disfrutar el rocío de la lluvia, cuando pueda tener un diálogo con las estrellas. Le pertenece al todo; sólo podrá abrirse en un arraigamiento profundo con el todo.

El hombre sigue siendo un brote; su dicha sigue siendo un brote por la sencilla razón de que está demasiado preocupado por la seguridad, temeroso del peligro, la inseguridad, el riesgo. Así que se mantiene en ciertos límites y se encierra en un muro protector. Así es como se convierte en prisionero.

La vida sólo puede vivirse como inseguridad, la vida sólo puede vivirse como peligro, no hay otra forma.

DÍA **232** Yo enseño a no tener miedo y a ser libres. Ser libre ante el temor es la mayor cualidad necesaria para conocer la divinidad, la dicha, la verdad.

Así que ve hacia lo abierto, hacia el cielo. Deshazte

de todos tus miedos, porque son falsos. Y disfruta la aventura de la vida con todos sus peligros, con todas sus inseguridades. Es una vida hermosa; de hecho, es hermosa sólo por los peligros y las inseguridades.

La flor de plástico no está en peligro; la flor verdadera está en peligro. Pero la flor de plástico no es una flor. Es mucho más importante estar vivo aunque sea un día, de la mañana a la noche, aunque luego los pétalos se marchiten. Vivir intensa y apasionadamente sólo un día, en el sol, bajo el cielo, es suficiente, en lugar de ser una flor de plástico y vivir mil años. Eso no es vida en absoluto. No es cuestión de longitud, es cuestión de intensidad.

Deberíamos quemar la antorcha de la vida por ambos extremos al mismo tiempo. Que sea un sólo momento, pero que sea totalmente vivo. Que te deje probar la divinidad y la eternidad.

DÍA **233** Cada ser tiene una inmensa gloria que liberar, una gran fragancia que liberar. El hombre parece pequeño, pero no lo es. Contiene océanos, océanos de dicha: contiene cielos, cielos de libertad.

La experiencia espiritual es como una explosión atómica: el átomo es muy pequeño, pero cuando explota es muy grande, enorme. La experiencia de uno mismo es exactamente así. Es una explosión, una explosión de la consciencia atómica. De pronto, te ves a ti mismo como el todo: ilimitado, infinito. Ésa es nuestra gloria, tenemos que alcanzarla. Si no la alcanzamos, no estaremos contentos.

DÍA **234** Nadie es nuevo, todos somos antiguos peregrinos. Siempre hemos estado aquí, en diferentes formas, en diferentes cuerpos, haciendo diferentes cosas, pero hemos estado aquí y estaremos aquí para siempre. No tenemos forma de desaparecer de la existencia. Nada puede ser destruido y nada puede agregarse a la existencia. La existencia siempre es exactamente la misma.

Ahora incluso la ciencia acepta que no podemos destruir nada y que no podemos añadir nada; sólo las formas cambian. El río pasa, sólo cambian las olas. A veces las olas son grandes, a veces, pequeñas, a veces no hay olas, pero es el mismo río. Con olas grandes, pequeñas o sin olas, es el mismo río.

Esta idea te lleva más allá del tiempo, e ir más allá del tiempo es ir más allá de la miseria. Conocer lo intemporal es entrar en el mundo de la dicha.

DÍA **235** Cada ser humano trae una verdad al mundo. Cada ser humano es un mensajero de la existencia, no sólo Jesucristo o Buda o Zaratustra. Ellos saben que lo son; otros no saben que lo son. Pero cuando tú naces, traes una verdad en tu ser. Y a menos de que esa verdad se exprese, no te sentirás satisfecho. A menos de que entregues el mensaje al mundo, sentirás un profundo malestar, porque no estarás cumpliendo tu deber con la existencia.

Tienes que cantar la canción de tu corazón. Tienes que bailar tu danza. Tienes que ser totalmente individual, no una imitación, no una copia al carbón. Tienes que sacar tu rostro original. Cuando estés listo para revelar tu rostro original al mundo, tu vida estará satisfecha. Surgirá un enorme gozo.

DÍA **236** Si te encuentras una magnolia *champaca*, verás una flor bastante ordinaria que no merece verse dos veces. Pero es la flor más preciosa. Contiene el mejor perfume posible. Así que recuerda siempre, la apariencia no es el factor determinante real en la vida. No importa el envase, sino el contenido.

El cuerpo podrá ser ordinario, sin gracia alguna, y sin embargo, puede tener un alma que trascienda la comprensión. El cuerpo podrá ser muy hermoso y puede estar totalmente vacío, sin alma. Esto te sucederá muchas veces en la vida; te encontrarás gente hermosa sin alma y gente sin mucho chiste, pero con cualidades enormes. No te dejes engañar por las apariencias. Siempre ve más allá, busca más allá. Mira el centro, no la circunferencia.

DÍA **237** A menos de que uno cree música en su ser, a menos de que empiece a vivir como en una danza, a menos de que uno celebre la existencia, no hay posibilidad de conocer a Dios, porque Dios es el último *crescendo* de la danza, la canción, la celebración. Dios no es para la gente triste. Es para aquéllos capaces de amor y risa.

Esta existencia es una gran obra de teatro. No te la tomes en serio. Tómala con una canción en tu corazón, dale las gracias con alegría. Muévete por el mundo con pie ligero, y con una risa en tu corazón. Y entonces, de pronto, la existencia entera empezará a convertirse en una experiencia divina. Lo mundano se volverá extraordinario.

DÍA **238** La vida es un gran arte. No deberíamos darla por sentada. Nacer no es sinónimo de vivir, nacer es sólo una oportunidad; luego tienes que trabajar en ti mismo. Hay mil y una cosas de las que tienes que deshacerte: hay avaricia, hay ira, hay odio, hay lujuria y así sucesivamente. A menos de que nos deshagamos de esas cosas, a menos de que las quitemos de nuestro ser... Son como malas hierbas, y tenemos tanta mala hierba que no pueden crecer rosas en nuestro ser.

Tenemos que quitar, desarraigar toda esa mala hierba. Tenemos que cambiar el suelo, quitar todas las piedras, preparar la tierra; sólo entonces habrá posibilidad de rosas. Y cuando las rosas crezcan en tu ser, tu vida empezará a gozar, tu vida empezará a ser bella, tu vida empezará a tener gracia. Y entonces tendrás algo que ofrecerle a la existencia; de otra forma, ¿qué habría que ofrecerle?

DÍA **239** Todos nacimos como rocas y todos tenemos que convertirnos en rosas. La roca tiene la capacidad de convertirse en rosa. Parece imposible, pero sólo *parece* imposible. Ha sucedido muchas veces; te puede suceder a ti. Si le pudo suceder a Jesús, te puede suceder a ti.

Hablo desde mi propia experiencia. Todos nacimos como roca, pero muy poca gente trata de sacar lo mejor de esta gran oportunidad y convertirse en rosa, muy, muy poca gente trata de sacar lo mejor de esta gran oportunidad. La mayoría simplemente vive como roca, como piedras rodantes que se mueven accidentalmente con el río de acá para allá, sin recoger musgo y luego muriendo. Nacieron como rocas y mueren como rocas. No pasa nada en tu vida a menos de que te conviertas en rosa.

DÍA **240** La gente vive identificada con el cuerpo; así es como el cuerpo se convierte en una prisión. En lugar de ayudarte a crecer hacia el infinito, identificarte con el cuerpo te hace muy finito, muy pequeño. Y ésa es una de las causas fundamentales de la miseria: el cuerpo envejecerá, entonces tendrás miedo, estarás envejeciendo. El cuerpo se enfermará y entonces tendrás un miedo inmenso, y, tarde o temprano, el cuerpo morirá. Podrás no pensar en eso, pero está ahí. Ves morir a la gente, no puedes negarlo. Podrás pasarlo por alto, pero no puedes negarlo. Podrás no verlo, podrás darle la vuelta, pero sigue ahí y en el fondo sabes que tienes que morir. Eso crea un temblor, eso crea una tristeza por dentro porque pronto te arrebatarán esta vida y no se ha cumplido nada, todavía no florecen las flores.

La identificación con el cuerpo se convierte en identificación con la muerte, con la vejez, con la enfermedad. Cuando no estás identificado con el cuerpo, cuando sabes: «Estoy separado, soy consciencia», inmediatamente te liberas de la enfermedad, de la vejez, de la muerte. Todo eso le sucederá al cuerpo, pero tú eres sólo un testigo, sólo un espectador; no tiene nada que ver contigo.

La experiencia de que pase lo que pase en el cuerpo, no tiene nada que ver contigo, es una libertad tal, un alivio tal, que de pronto te vuelves liviano. Esa liviandad es uno de los resultados más importantes de la meditación.

Meditar simplemente significa el arte de ser testigo. Empieza siendo testigo de tu cuerpo y luego de tu mente, ¡y sal de ambos! De hecho, meditando estarás fuera de ambos. Y el día que sepas: «No soy el cuerpo, no soy la mente», habrás llegado a casa. Entonces sabrás quién eres.

DÍA **241** Durante siglos, se ha experimentado una y otra vez que si en un pueblo de mil habitantes, aunque sea uno practica en verdad la meditación, la calidad de todo el pueblo cambia. El hombre ha llegado a este estado no por la gran mayoría, sino por un puñado de gente como Jesús, Buda, Zaratustra, Krishna; sólo gracias a esas pocas personas. Con cada Buda, con cada Cristo, con cada alma despierta, la humanidad da un paso más alto.

Pero puede suceder —y sí puede suceder— que miles de personas se despierten, entonces la humanidad entera dará un salto sustancial. Eso es lo que llamo el principio del hombre nuevo. Mi intención aquí no es sólo ayudar a los individuos. Obviamente eso es lo que hago, pero en el fondo la intención es crear la situación, el trasfondo, el contexto esencial en el que pueda surgir un hombre nuevo con amor en el corazón, con luz en el alma, con inteligencia, con consciencia, y que pueda transformar a la Tierra entera en un paraíso. Ese milagro es posible. De hecho, sólo es posible ahora. Nunca antes fue posible porque ahora hemos llegado a cierta etapa de crecimiento. El hombre ya no es infantil, ha llegado a la madurez.

Pero se necesita un mayor esfuerzo. Necesitamos poner toda nuestra energía en ello. Poner toda nuestra energía en darnos a nosotros mismos un renacimiento. Y no sólo será un renacimiento para ti, ayudará a la humanidad entera. Para mí, eso es servicio verdadero.

DÍA **242** Sin meditación, nadie puede vivir en libertad. Uno podrá ser políticamente libre, pero no es libertad real. Si hay muchos deseos dentro de ti, entonces esos deseos funcionan como cadenas; cadenas invisibles, por supuesto, pero como son invisibles, son más peligrosas. Las cadenas de hierro no son tan peligrosas porque puedes verlas, y como puedes verlas, puedes romperlas. Las cadenas hechas de deseos son invisibles, y como no puedes verlas, sigues creyendo que eres libre. Pero un hombre que vive en el deseo no es un hombre libre, vive en un sometimiento constante. Siempre quiere más. Su avaricia es su cárcel: vivirá como prisionero y morirá como prisionero.

Y, además, los deseos traen otros problemas: habrá celos, habrá posesividad, habrá aferramiento, habrá miedo, competencia, comparación, y entre todos estos límites, no se puede ser libre. A menos de que estés libre de todo eso, no serás libre.

Cuando desaparece el deseo, uno sabe que es libre por primera vez. Entonces uno quedará desatado, vivirá cada instante, sin pedir más; al contrario, gozará lo que esté disponible.

DÍA **243** Mi intención aquí es lograr una especie de persona totalmente nueva. Ésa es mi visión del hombre nuevo: que debe ser capaz de amar. No debe ir a un monasterio. Debe vivir en el mercado y aun así ser capaz de deshacerse de toda posesividad, de todo apego, de todo aferramiento, de todo celo.

Se puede hacer porque yo lo he hecho, así que tú puedes hacerlo. Nunca digo absolutamente nada que no sea mi propia experiencia. Siempre hablo por autoridad propia.

DÍA **244** Nacemos con un gran potencial, pero es sólo un potencial. Podemos morir sin darnos cuenta: podemos no atinarle al blanco si no nos movemos conscientemente. Si nos quedamos como madera a la deriva a merced de los vientos y las olas, si seguimos siendo accidentales, entonces con toda probabilidad no le atinaremos.

Y por eso vemos tanta gente en gran miseria. La miseria no tiene causas externas: está arraigada en el blanco al que no atinamos. Todos ellos sienten que les falta algo. Ni siquiera saben qué exactamente, pero una cosa es segura: todos los que siguen cargando las semillas, no han crecido. Algo no ha florecido.

La semilla está condenada a ser miserable; sólo una flor puede bailar al viento, bajo la lluvia, bajo el sol. Sólo una flor puede cantar su canción, la canción de la dicha. Sólo una flor conoce la satisfacción, el contento. Sólo una flor se siente a gusto con la existencia. La semilla no se siente a gusto: está cerrada, no tiene ninguna conexión. No sabe nada de la luna y el sol y las estrellas, ni siquiera ha oído hablar de ellos. No sabe nada de las flores ni de los colores ni de los arcoíris ni de las canciones de los pájaros ni de los mantras zumbantes de las abejas, no sabe nada de eso; pero en algún lugar escondido dentro de sí hay un anhelo de conocerlo todo.

Un anhelo muy profundo de abrirse a la realidad, de eso se trata la religión. La religión no tiene nada que ver con iglesias ni templos ni mezquitas, nada que ver con los Vedas ni con la Biblia ni con el Corán, nada que ver con todo tipo de juegos en nombre de la religión. Esos son juegos políticos. El cristianismo, el hinduismo, el islam, el budismo, el jainismo son partidos políticos escondidos detrás de etiquetas religiosas. Un partido político por lo menos es sincero porque dice que es un partido político. Todas estas organizaciones religiosas son básicamente políticas, pero juegan el juego tras el nombre de la religión, son mucho más maliciosas.

El sacerdote es más malicioso que el político. El sacerdote juega de forma más sutil. La verdadera religión no tiene nada que ver con todos esos juegos, la verdadera religión es simple; es sólo el anhelo del corazón por florecer. No necesita rituales, pero necesita cierta inteligencia, es lo único que necesita. La única cualidad requerida es la inteligencia.

DÍA **245** El silencio es una experiencia única en la vida, de otra forma, es muy ruidosa. Afuera, hay ruido, adentro, hay ruido, y juntos bastan para volver loco a cualquiera. Han enloquecido a todo el mundo.

Uno tiene que frenar su ruido interior. El ruido exterior está fuera de control, y tampoco hay necesidad de frenarlo, pero podemos frenar el ruido interior. Y una vez detenido el ruido interior y asentado el silencio, el ruido exterior deja de ser problema; puedes disfrutarlo, puedes vivir en él sin ningún problema.

La experiencia del silencio interior es única, incomparable. No hay otra experiencia que pueda valer más, porque de esa experiencia surgen todas las experiencias. Es la base de todo el templo de la religión.

Sin silencio no hay verdad, libertad, divinidad; con silencio, de pronto las cosas que no estaban, están, y las cosas que estaban, ya no están. Tu visión habrá cambiado, tu perspectiva también. El silencio te hace capaz de conocer lo invisible, de conocer lo incognoscible. Ésa es su singularidad.

DÍA **246** El secreto de que el silencio es el requisito indispensable se ha sabido a lo largo del tiempo; sin embargo, la gente ha escapado del mundo pensando que es imposible ser silencioso *en* el mundo.

Ésa era una conclusión absolutamente equivocada, una lógica equivocada, porque el silencio no tiene nada que ver con el mundo exterior. Es algo interior. Puede crecer en cualquier lugar. Podrás ir a las montañas, pero tu mente seguirá siendo la misma; jugará los mismos juegos, o incluso más en las montañas, porque allá no tendrás nada más que hacer, así que toda la energía estará disponible para la mente.

En los monasterios, en los desiertos, en las montañas, la mente llega a ser más dominante que en el mercado, que en la vida ordinaria. Por lo tanto, yo insisto en que ningún sannyasin debe dejar el mundo. Es el lugar adecuado para alcanzar el silencio. Uno tiene que aprender el arte; escapar no va a ayudar.

Si tienes cáncer, escaparte al desierto no te va a ayudar. Tienes que pasar por el tratamiento —cirugías, medicina— porque el cáncer irá contigo a todas partes. Y la misma mente te seguirá a todas partes. Así que la cuestión no es cambiar de lugar en el exterior, sino cambiar la actitud, el enfoque interior, la gestalt interior.

Una vez que hayas cambiado la gestalt interior, el ruido exterior enaltece tu silencio, no te molesta. No es una distracción en absoluto, se convierte en alimento.

DÍA **247** Yo enseño la rebelión. La rebelión es hermosa, la revolución es fea. La revolución es violenta, la rebelión no es violenta. La rebelión no tiene nada que ver con el mundo exterior, pero lo transforma porque, cuando el interior ha cambiado, empieza a apuntar hacia muchas cosas del mundo exterior. Pero ése no es nuestro propósito; es un resultado. Si tan solo un hombre cambia, miles cambiarán. Todo lo que entre en contacto con él se transformará de una u otra forma. Una semilla entrará en su ser.

Así que, de cierta forma, estoy preparando una gran revolución, pero no a través de la revolución, sino a través de la rebelión, la transformación individual.

DÍA **248** Moisés tiene una religión, Jesús tiene una religión, los videntes de los Vedas han probado la religión porque eran gente silenciosa, pero cuando te comunicas, tu silencio se convierte en palabras y pierde toda verdad.

La verdadera religión siempre es una transmisión más allá de las palabras, más allá de las filosofías. Por lo tanto, la verdadera religión sólo puede experimentarse con un maestro iluminado, despierto. Podrás experimentarlo con un Jesús, con un Buda, con un Zaratustra, con un Lao-Tsé, pero no a través de las palabras. Aunque las palabras le sigan perteneciendo a Buda, cuando se dice algo que no puede ser dicho, se vuelve falso. Y ése es uno de los problemas que tiene que resolver el hombre. Seguimos confinados por las teorías, las ideologías, las palabras; el cristianismo, el hinduismo, el mahometismo, el budismo son puras palabras ahora. Una vez, cuando un hombre como Buda estaba vivo, el silencio estaba presente. Y para el discípulo, incluso esas palabras eran significativas porque ellos no estaban escuchando las palabras, ellos estaban escuchando la fuente de las palabras. Pero ahora la fuente ya no está disponible, sólo quedan las palabras.

Las palabras son como fotos. Una imagen de un Buda o un Jesús no es Buda ni Jesús. Tienes que entrar en comunión con un maestro auténtico, vivo.

Y la única definición del maestro auténtico y vivo es que nunca es tradicional, siempre es rebelde. Ésa puede ser la línea de demarcación: cuando encuentres a un santo tradicional, es falso. De otra forma, no puede ser tradicional. La rebelión es el propio espíritu de un maestro verdadero, la rebelión total.

DÍA **249** La historia está llena de grandes reyes y gobernantes, y no tiene tantos grandes budas, los que han despertado. Los que han despertado pueden contarse con los dedos, por la sencilla razón de que fueron hacia donde se necesita la transformación radical: de lo inconsciente a lo consciente. Tu inconsciencia tiene que transformarse en consciencia. Cuando no quede dentro de ti ni una pizca de inconsciencia, cuando estés lleno de luz, te habrás convertido en un maestro, un maestro verdadero.

DÍA **250** La persona que acuñó el proverbio de que la vida no es un lecho de rosas debe haber sido inconsciente, porque todos los que han despertado dicen justo lo contrario: la vida es un lecho de rosas. Lo único que tienes que hacer es cambiar de velocidad dentro de ti, de la inconsciencia a la consciencia.

Y el proceso es muy sencillo. No podría ser más sencillo de lo que es. De hecho, como es tan sencillo, la gente no lo consigue, no representa un reto para el ego. El ego siempre está interesado en algo difícil. El ego está interesado en ir a la Luna, a Marte: no le interesa ir hacia el interior.

El proceso se puede reducir a una simple fórmula: hagas lo que hagas, hazlo, pero mantente alerta. Al caminar, mira por dónde caminas; al comer, cuida lo que comes, no sólo vayas llenándote de forma mecánica. La mente está en otro lugar, estás pensando en mil y una cosas y las manos siguen llenando la boca y la boca sigue masticando. Es un proceso mecánico. No estás consciente de lo que estás haciendo.

Sólo si estás totalmente en el momento puedes estar consciente. Así que olvídate del mundo entero mientras comes. Al comer, sólo come; al caminar, sólo camina; al escuchar, sólo escucha; al hablar, sólo habla y quédate totalmente en ello, alerta, consciente de cada gesto, de cada matiz. Y pronto le encontrarás el truco, el sentido.

DÍA **251** Por lo general, somos miles de cosas, no una. Somos muchos, una multitud, un gentío. Pero cuando uno se vuelve consciente, despacio, despacio, la multitud pierde a la muchedumbre y se vuelve uno. Se vuelve una integración, una cristalización, y entonces surge una gran armonía.

Primero uno tiene que ser armonioso dentro de sí mismo y luego uno puede ser armonioso con el universo, con las estrellas y la luna y el sol y los árboles y las aves, uno puede fundirse en todo el vasto, infinito universo. Hay dos fusiones: una dentro de ti, la primera unidad, y la segunda, con el todo, la segunda unidad. Y en esos dos pasos se completa la travesía completa.

Primero vuélvete uno contigo mismo, luego vuélvete uno con el todo, y eso es a lo que llamo santidad. Hazte consciente para que tu vida no sea más que poesía, música, armonía, unidad, singularidad. A menos de que eso suceda, uno habrá vivido en una total futilidad, en vano.

DÍA **252** Cuando casi el 99% del territorio de tu inconsciente se haya vuelto consciente, empezarás a dar flores. Y cuando se haya ganado el 100% del territorio, cuando nada del inconsciente quede en ti, tus flores liberarán su fragancia. En Oriente hemos llamado a esa fragancia «budidad», el despertar. En Occidente el mismo fenómeno se ha llamado consciencia de Cristo. Es lo mismo. Sólo cambia la palabra.

Y a menos de que uno se vuelva pura fragancia, su vida habrá sido un total desperdicio. Sólo con esa liberación de tu esplendor más profundo entras al reino, el reino de lo infinito y lo eterno. No hay muerte, no hay nacimiento. Entonces estás aquí y ahora para siempre.

El cuerpo desaparecerá, pero tú no; la mente desaparecerá, pero tú no. Y conocer lo que dura y perdura para siempre, es conocer la verdad.

DÍA **253** El estado de inconsciencia es como las raíces de un árbol. Las raíces del árbol están bajo tierra, no se ven. Lo mismo pasa con nuestro inconsciente, está bajo tierra; no lo vemos, pero lo afecta todo. Afecta las ramas, las hojas, las flores. Nuestras raíces están escondidas, mas son muy importantes; son la parte más importante del árbol. Y a menos de que uno entienda sus propias raíces, no podrá tener una experiencia real de su ser total.

Las ramas del árbol son como nuestra llamada consciencia: muy frágiles, una capa muy delgada que puede destruirse fácilmente por cualquier accidente. Con un pequeño accidente, todo se derrumba. Alguien te insulta y ya no estás consciente; alguien dice algo y se te olvida por completo la meditación, tu consciencia. ¡Estás loco! Podrías hacer cualquier cosa en ese estado de locura. La ira es una locura temporal. La locura no es más que ira que se ha convertido en estado permanente. Uno puede asesinar.

Muchos asesinos han dicho en las cortes que no lo hicieron. Antes se creía que todos estaban mintiendo, pero poco a poco los psicólogos se dieron cuenta de que unos cuantos ciertamente estaban mintiendo, pero otros tantos no mentían en absoluto. Aunque hubieran cometido el asesinato, no lo recordaban. Estaban tan poseídos por alguna parte de su inconsciente que no eran ellos mismos, así que no se acordaban. Es como cuando alguien que está absolutamente borracho te dice algo y al día siguiente no se acuerda. Lo dijo, podrás tener una grabación, pero también tiene razón cuando afirma no haberlo dicho: no lo dijo conscientemente. Y muchos de nuestros actos los hacemos inconscientemente.

Así que sólo una delgada capa de consciencia rodea nuestro inconsciente. Es suficiente para nuestra rutina laboral diaria: ir a la oficina, teclear, manejar un coche, decirle a tu esposo o esposa los mismos clichés que le has dicho tantas veces. Los repetirás sin estar consciente. Pero eso es lo que creemos que es la consciencia; lo es más o menos, es tibio, no lo suficiente para ningún gran vuelo hacia lo desconocido, hacia lo más alto.

Uno tiene que usar el pequeño fragmento de consciencia como si fuera una semilla y tiene que sembrarla, cuidarla, ayudarla de cualquier forma posible, cooperar con ella. Cooperar cada vez más con la pequeña parte de tu ser que está consciente. Y cooperar cada vez menos con la mayor parte de tu ser que está inconsciente. Siempre escoge lo consciente, evita lo inconsciente. Lo que te vuelva inconsciente está mal y lo que te ayude a volverte consciente está bien. Ésa es mi definición de bien y mal, ésa es toda mi moral. Y despacio, despacio, si cooperas, crece. Y cuando dejes de cooperar con el inconsciente, se encogerá.

Llega un momento en el que, poco a poco, el territorio de lo consciente se vuelve cada vez más grande, y lo inconsciente se va encogiendo, desapareciendo. Finalmente, la consciencia reclama todo el territorio del inconsciente. Es entonces cuando empiezas a dar flores; por primera vez, tu árbol florece.

DÍA **254** Esta época está en su punto para una gran explosión de consciencia. Nunca ha estado tan en su punto porque la vida va evolucionando y nosotros estamos llegando a un clímax. Si no alcanzamos una transformación radical, entonces el estado de humanidad desarrollada se convertirá en una presión para nosotros. El hombre ya no es un niño, y si sigue usando la ropa vieja de cuando era niño, estará en problemas. Seguirá estando innecesariamente tullido por la sencilla razón de que la ropa le queda chica y él ya creció. El cristianismo, el hinduismo, el jainismo, el mahometismo son ropa hecha para otro estado de la humanidad, para cuando el hombre era infantil. Ahora ya no le queda, es totalmente obsoleta. Es ridículo ver cristianos, hindúes, ¡absolutamente ridículo! No son contemporáneos, viven mil años atrasados y tratan de entrar en la ropa que no está hecha para ellos. Ya crecieron, se volvieron adultos. Esa ropa era adecuada en su momento, pero ahora ya no lo es.

Nos hemos vuelto tan apegados a lo viejo, a lo tradicional. Nos gustan tanto las antigüedades que todo lo viejo parece oro. Sospechamos de todo lo nuevo. Por eso la gente sospecha de mí, porque estoy diciendo algo nuevo, algo que nunca se había dicho de esta forma. Llegó la hora de cambiar toda la ropa, estamos en el punto de cambiar al hombre por completo. Se necesita una revisión total.

DÍA **255** Éste es el único mundo, y tenemos que vivir aquí y ahora. No debemos sacrificar el aquí y el ahora por una fantasía de cielo o paraíso o *moksha*. No debemos sacrificar el presente por el futuro, es estúpido, porque el futuro nació del presente. Si matas el presente, estarás matando también el futuro, porque estarás matando a la madre y la madre está embarazada. Matarás también al hijo.

Cada momento sirve de madre para el siguiente. Condenarlo es peligroso. Aprécialo, ámalo, regocíjate en él.

DÍA **256** La meditación es un rugido de león, porque cuando un hombre conoce la experiencia profunda de su ser —de eso se trata la meditación— ya no tiene miedo. Sabe que ya no hay muerte. Nunca nació y nunca morirá; es eterno.

Es un rugido de león porque ahora nadie puede esclavizarlo. Sí, podrás matarlo, pero no puedes esclavizarlo, no puedes matar su alma. Podrás encarcelar su cuerpo, pero no su ser; ahora conoce la libertad, y la libertad no puede ser arrebatada. Libera un valor inmenso. Puede luchar contra el mundo entero.

De hecho, todos los grandes meditadores han estado luchando contra este mundo estúpido, solos, sin ayuda de nadie. Jesús, Buda, Lao-Tsé, Kabir; con los años, el meditador ha estado ahí peleando contra la estupidez colectiva de la humanidad. Ha sido masacrado, crucificado, asesinado, envenenado, pero eso no cambia nada.

Cuando un hombre alcanza la meditación, el rugido del león explota. Una vez más, hay un ser humano real, auténtico, listo para sacrificar todo por la verdad.

DÍA **257** Así como la Tierra y los planetas giran alrededor del Sol, todo tu ser interno gira alrededor del centro de la dicha. Cuando eso se ha reconocido, las cosas se vuelven muy sencillas, claras; entonces ya no estás a tientas en la oscuridad, puedes ir directo hacia el centro. Y cuando te empiezas a mover hacia el centro, tu vida se empieza a volver luz.

Yo enseño cuatro cosas: vida, amor, risa y luz. Y suceden exactamente en esa secuencia.

Primero la vida: uno tiene que estar cada vez más vivo, lleno de sabor, de gusto, de intensidad; sin contenerse. Cuando estás lleno de vida, el amor empieza a suceder por voluntad propia: ¿qué harás con esa vida? ¿Qué harás con esa energía desbordante? Tendrás que compartirla, y eso es el amor: compartir tu energía de vida. Y cuando compartes tu energía de vida, desaparece toda la tristeza, entonces la vida es una risa sincera. Con esas tres cosas satisfechas, la cuarta se da automáticamente. *Tú* tienes que cumplir tres cosas. Esas tres primeras cosas son como las tres habilidades básicas que promueven los educadores, y la cuarta es la recompensa del más allá. Entonces la luz desciende y, cuando la luz haya entrado en ti, estarás iluminado, ése es el significado de la palabra *iluminación*.

DÍA **258** La gente está viviendo en la mentira. Por supuesto que las mentiras son hermosas, cómodas y convenientes, dan cierto consuelo. Pero, después de todo, las mentiras son mentiras, no ayudan. Funcionan como el opio. Te pueden ayudar a olvidar la miseria, se pueden usar como tranquilizantes, pero no van a alterar la enfermedad real. Sólo esconden los síntomas.

Y millones de personas en el mundo han vivido según mentiras convenientes. Las llaman verdad… Las tienen que llamar verdad. Si supieran que son mentiras, les sería imposible vivir con ellas. Insisten en que son verdad, pero la cualidad básica de la verdad es que tiene que ser un descubrimiento propio.

La verdad no es transferible, nadie te la puede dar. Tienes que descubrirla con tu propio esfuerzo. Por lo tanto, cualquier cosa que uno adquiera de otros puede ser, en el mejor de los casos, una hermosa mentira, una linda y dulce mentira. Uno podrá rodearse de dulces nadas, pero es un juego peligroso porque estará perdiendo la oportunidad, el tiempo, la energía que podía haber puesto a tu disponibilidad el mundo de la verdad.

Devoción a la verdad significa: no perteneceré a ninguna tradición, no perteneceré a ninguna secta, a ningún credo; indagaré. Creeré sólo cuando sepa, no antes.

A menos de que decidas esto, la verdad seguirá lejos. Cuando la decisión se asiente en tu corazón, ya no estará lejos. Entonces sólo tendrás que quitar unas cuantas telarañas, es todo. Es un fenómeno sencillo: se tiene que quitar un poco de polvo del espejo e inmediatamente reflejará lo real.

DÍA **259** Es un fenómeno bastante paradójico que cuando estamos separados de la existencia, estamos sometidos. La mera separación representa nuestro sometimiento. Por supuesto que cada límite es sometimiento, cada barrera es una limitación. Cuando desmanteles la muralla que has construido alrededor tuyo, serás libre; entonces todo el cielo será tuyo, y todas las estrellas. Y con esa libertad uno puede experimentar la verdad, el amor, la divinidad.

Con la limitación del ego podemos vivir sólo en la mentira, en el odio, en el mal, porque estamos arraigados en una concepción totalmente equivocada. Nuestra propia existencia está patas arriba. Es como una hoja que cree estar separada del árbol. La mera idea de estar separada la empalidecerá, porque los nutrientes vienen del árbol, el verdor viene del árbol, la savia viene del árbol; la sola idea se convertirá en una barrera.

La savia no fluirá, el verdor no le llegará, la hoja empezará a morir, a encogerse. Cuando deje de pensar que está separada, entenderá que es parte del árbol y que el árbol es parte de la Tierra y que la Tierra es parte del sistema solar, y que el sistema solar es parte del cosmos. Incluso la pequeña hoja es parte esencial del todo, como el gran sol. Y en la existencia no hay jerarquías: la existencia es una. La jerarquía necesita cifras, alguien más arriba, alguien más abajo. Pero la existencia es toda una. Así, la brizna de hierba más pequeña es tan importante como la estrella más grande.

No hay superior ni inferior. Entender esto libera tu esplendor encarcelado. De pronto te empiezas a sentir tan vasto que no puedes sino regocijarte, celebrar. No puedes sino bailar y cantar.

DÍA **260** Uno sólo puede estar satisfecho cuando se vuelve parte de esta existencia inmensamente hermosa. Menos que eso no sirve. Con menos que eso sentirás que algo falta. Tienes que ser vasto, tanto que las estrellas y las nubes estén dentro de ti; entonces habrá contento.

Cuando contienes toda la existencia, naturalmente,

no hace falta nada. Todo está dentro de ti, así que no puede faltar nada. Y cuando no falta nada, es el punto del bienestar último.

El bienestar no puede ir más lejos que eso; habrás alcanzado el propio Éverest del bienestar. Es el pináculo, el *crescendo*, y no te puedes caer de ahí. La caída es imposible porque uno se vuelve ello. Ya no estás separado, así que ya no te puedes caer. No es que sientas el bienestar, sino que eres el bienestar mismo, y eso es lo más importante que hay que entender.

DÍA **261** Un hombre sin meditación no sabe nada del esplendor de la existencia, no sabe nada de la gloriosa oportunidad que le ha sido dada. Se queda dormido rápido, inconsciente de las canciones y la música. Las flores florecen, pero él se queda dormido rápido, ¡en el propio jardín del Edén! Las flores no son para él, sólo están ahí.

Todo lo que necesita es despertar para ver las flores, las estrellas, los pájaros, los árboles y la inmensa gloria de la existencia. ¡Es increíble, inconcebible! Pero la gente vive como si no hubiera nada por lo cual vivir. La gente vive sin sentido, sin ningún gozo, danza, como si simplemente estuviera esperando que la muerte llegara y la liberara de la carga. Es un estado verdaderamente patas arriba.

Se nos ha dado la existencia más hermosa y más perfecta posible. La existencia no puede ser más perfecta de lo que es, pero tenemos que descubrirla. Es un reto. Y es bueno que haya retos en la vida, de otra forma, la vida estaría muerta; es el reto lo que la hace estar viva.

La meditación es el mayor reto de la vida: descubre tus debilidades, destruye tu adormecimiento, tu sonambulismo, es un despertar enorme para el alma.

DÍA **262** La revolución exterior no es nada comparada con la interior. La revolución exterior representa sólo una reforma; nunca es realmente una revolución porque el hombre sigue siendo igual. Sólo va cambiando las estructuras en torno suyo. La prisión cambia, pero el prisionero es el mismo y sigue encarcelado, quizá en una cárcel más cómoda, más conveniente, con televisión y canchas de futbol e instalaciones disponibles para la gente libre, pero sigue en prisión. No hay libertad.

La revolución interior trae libertad, y la única forma de vivir una revolución interior es la meditación. La meditación simplemente significa aprender a olvidar todo lo que has aprendido. Es un proceso de descondicionamiento, un proceso de deshipnotización. La sociedad ha cargado a todo el mundo con miles de pensamientos. La meditación simplemente te ayuda a salir de ese mundo de pensamientos hacia un estado de silencio. Es un proceso de limpiar el pizarrón por completo, es vacuidad todo lo que te han metido a la fuerza.

Cuando estés vacío, espacioso, silencioso, limpio, la revolución habrá sucedido, el sol habrá salido; y entonces vivirás bajo su luz. Y vivir bajo la luz de tu sol interior es vivir correctamente. De hecho, es la única manera de vivir.

DÍA **263** Todo lo que *tienes* se puede perder, te lo pueden robar, quitar. Al menos la muerte te separará de tus posesiones. Lo único que no te pueden quitar es aquello en lo que te has *convertido*. Ni siquiera la muerte te puede separar de ello. No lo tienes, lo eres.

Así, los grandes sabios de los Upanishads dicen, «Cuando uno conoce a Dios, se convierte en Dios». Al conocer a Dios, uno se convierte en Dios, porque conocerlo no es como tener conocimiento. Eso lo puedes olvidar. Conocer a Dios significa simplemente que has alcanzado una nueva calidad de ser. Se vuelve parte de tu respiración, de tus latidos.

La unión definitiva con el todo significa simplemente que te has convertido en el todo; por lo tanto, ése es el punto en el que uno siente: «He llegado. Ésta era la meta que había estado buscando miles de vidas. Éste es el hogar que estaba buscando. He hecho muchas, muchas casas, pero ninguna resultó ser realmente una casa, eran sólo caravasares, y siempre me tenía que ir. Ahora no puedo dejar este hogar, porque yo soy él».

DÍA **264** Vive como si fueras la primera persona sobre la Tierra. Vive como si fueras Adán y Eva, nadie ha estado antes, así que no hay manera de imitar. Una vez que empiezas a vivir según tu propia luz, sin miedos ni errores… Cometer errores es inevitable; son naturales, ineludibles y benéficos. Si no cometes errores, nunca aprendes. Claro que uno no debería cometer los mismos errores otra vez, porque eso es estúpido. Sigue encontrando nuevos errores, nuevas equivocaciones, nuevas formas de descarriarte.

Es mejor descarriarse en un camino distinto que seguir a la multitud por el camino correcto, porque no es cuestión de bien o mal; es cuestión de autenticidad, sinceridad con uno mismo, responsabilidad hacia el propio ser.

Meditar es aplicar la inteligencia a lo que sea que hagas, y luego, despacio, despacio, tu inteligencia se vuelve una luz en sí misma.

DÍA **265** La meditación te saca de la psicología de la muchedumbre. Primero te vuelve humano y luego te conduce hacia el superhombre, que es divino. Pero es rebelión; por lo tanto, la multitud nunca ha sido capaz de perdonar a los que meditan y nunca lo será.

No soy pesimista; soy inmensamente optimista porque veo que la humanidad está creciendo, madurando. Pero es un hecho —no lo puede esconder ni siquiera el optimismo— que la psicología de la muchedumbre nunca será capaz de elevarse a la psicología individual. Podrá mejorar un poco, pero la diferencia entre el individuo y la multitud seguirá siendo la misma. Cuando la psicología de masas se eleve un poco, la rebelión individual también se elevará. La distancia seguirá siendo la misma.

Y es un verdadero gozo rebelarse contra todo lo que esté podrido, feo, contra todo lo que esté muerto, apestoso. Es un gozo, es un reto, y es una gran oportunidad para crecer. Sólo los individuos pueden crecer hacia la divinidad.

DÍA **266** Toda la evolución del hombre ha dependido de muy poca gente; se pueden contar con las manos. Las masas no han contribuido en absoluto. Han sido como un peso muerto; la han obstaculizado, no han ayudado.

La mente de la multitud siempre está en contra de lo nuevo. Crucificaron a Jesús simplemente por ser tan nuevo. Nadie nunca había hablado como él; nadie nunca se había comportado como él. La muchedumbre no podía tolerar a ese hombre —un ser tan hermoso, una persona tan adorable— y las masas decidieron crucificarlo. Y siempre ha sido así; le hicieron lo mismo a Sócrates, a Mansur.

Siempre que hay un hombre que trae lo nuevo a la existencia, que se convierte en un vehículo del más allá, su vida está en peligro porque las masas se sienten ofendidas, insultadas; sus egos están dañados. Pero lo extraño es que esas pocas personas, a las que la gente ha matado y asesinado y torturado, son la causa de toda la prosperidad humana. Son las piedras fundadoras de este templo que sigue incompleto.

DÍA **267** Vive espontáneamente, momento a momento. Este instante lo es todo. Tenemos que deshacernos del pasado, olvidarlo, porque ya no es; y no debemos preocuparnos por el futuro porque todavía no es. Entonces, todo lo que queda es este hermoso instante. Regocíjate en este instante, vívelo totalmente y el instante se convertirá en una puerta hacia la existencia. Jesús dijo a sus discípulos: «Miren los lirios en el campo, son mucho más hermosos incluso que el emperador Salomón ataviado en sus preciosas ropas y adornos, en todo su esplendor. Esos pobres lirios son mucho más hermosos que Salomón por la sencilla razón de que no piensan en el día de mañana. Viven en el momento, aquí y ahora. Ésa es su belleza».

Y mis observaciones sobre la mujer es que ella está

menos preocupada por el futuro que el hombre, y el pasado le pesa menos que al hombre. Ella es más realista, pragmática, está más arraigada y firme en la tierra; por lo tanto, se le facilita más ser espontánea. La espontaneidad y una vida espontánea pueden ser el camino entero.

La existencia sólo conoce una época y es ahora, y sólo un espacio, aquí. La existencia siempre es aquí y ahora, así que, una vez que te retiras del pasado y del futuro, sólo queda la existencia. No se necesita rezar, ni acudir a las escrituras, no se necesita hurgar en todo tipo de enseñanzas esotéricas estúpidas; se puede ser muy sencillo y encontrar la verdad sin hacer escándalo. Todo el asunto de la teología es un escándalo innecesario, mucho ruido y pocas nueces.

Mi enfoque es vivir totalmente en el presente. No se necesita nada más.

DÍA **268** Cada momento te presenta dos alternativas: ser miserable o ser dichoso. Depende de ti.

Un maestro jasidim se estaba muriendo y sus discípulos le dijeron: «Ahora cuéntenos el secreto. Lo hemos observado durante casi 50 años y nunca lo hemos visto triste, ni siquiera un segundo. Y hemos oído de nuestros padres y antepasados que en su juventud usted fue una persona muy triste y seria. ¿Qué pasó? ¿Cómo se volvió tan alegre?».

Y él contestó: «Tienen razón: hasta mis 30 años fui una persona muy triste y muy seria. Y entonces una mañana pensé: "¿Qué estoy haciendo? ¿Por qué estoy tan triste y serio? ¿Por qué desperdicio mis energías? Voy a tratar hoy, sólo para variar, de ser alegre".

Traté, ¡y funcionó! Desde entonces, cuando me levanto cada mañana, me pregunto: "Zusya" —así se llamaba— "¿qué quieres hoy? ¿Quieres estar triste, serio y triste, miserable o dichoso?". Y siempre escojo ser dichoso. Desde entonces he sido dichoso».

Y yo estoy totalmente de acuerdo con ese hombre, tiene toda la razón: es sólo cuestión de elegir.

Así que, desde mañana en la mañana, trata. Ya has sido lo suficientemente serio. O podrías empezar incluso ahora. No es necesario esperar hasta mañana, porque uno nunca sabe. Mañana puede no llegar nunca. Trata. Y créeme, te gustará.

DÍA **269** Lo viejo nos condiciona a vivir según lo viejo, a vivir para lo viejo, a sacrificarnos por lo viejo. Eso significa que nos han dominado los cementerios, que toda nuestra vida está siendo continuamente jalada hacia atrás. Ésa no es la verdadera forma de vivir; podrá ser una buena forma de suicidarse lentamente, pero no es una forma de vivir.

Para vivir auténticamente, uno tiene que ir muriendo para el pasado a cada momento, para que cada momento sea nuevo y fresco, tan fresco como las gotas de rocío bajo el sol de la mañana, tan fresco como una flor abriéndose en el lago. Cada momento debe ser fresco, joven, vivo, inocente, sin la carga del pasado.

La vida trae tantas sorpresas, tantas maravillas, tantos regalos, que no hay forma de corresponderle. Sólo lágrimas de gratitud, sólo un corazón que palpita con gratitud, eso es todo lo que podemos dar.

DÍA **270** El hombre es un templo, pero desde el exterior sólo puedes ver los muros. Es muy extraño que no sólo los demás te vean desde el exterior, tú también te ves a ti mismo desde el exterior. Te ves al espejo y encuentras tu rostro, ves a la gente a los ojos para encontrar tu imagen, escuchas las opiniones de la gente para saber quién eres: bueno, malo, moral, inmoral, santo, pecador. Es muy raro, porque nos conocemos a nosotros mismos desde el interior; no se necesita ningún espejo. No se necesita depender de la opinión ajena porque sus opiniones sólo nos hablan de los muros, de los muros externos de nuestros templos. No nos pueden decir nada sobre la deidad interior.

Sannyas no es nada más que el cambio, el giro, el giro radical de verse a uno mismo desde el exterior a verse a uno mismo desde el interior. Está sentado dentro observando, sin depender de las opiniones ajenas, ni de las escrituras, ni de nada, sólo observándote desde tu centro más profundo y preguntando: «¿Quién soy?». Y sin depender de la respuesta de nadie. Uno tiene que encontrar su propia respuesta, sólo eso puede ser satisfactorio.

Cuando te sientas en el centro de tu ser y observas, quedas asombrado: tu cuerpo es sólo un templo, Dios está dentro de ti. Y no hay forma de encontrarlo desde el exterior; no es necesario encontrarlo desde el exterior.

Cuando hayas descubierto a tu Dios dentro de ti, entonces podrás verlo en otras personas, de la misma forma. Sabrás que ellas también son templos y que Dios está ahí porque están vivas, y la vida es Dios. Para mí, *la vida* y *Dios* son sinónimos, intercambiables. Y si tuviera que escoger entre las dos palabras, escogería la palabra *vida* en lugar de *Dios*, porque los sacerdotes han explotado tanto la palabra *Dios* que la han vuelto casi sucia, obscena. Es mejor usar la palabra *vida*, y ni siquiera con *V* mayúscula, sino con *v* minúscula. La vida sencilla, la vida ordinaria, es divina.

Cuando veas a tu Dios interior, tu vida interior, tu verdad interior, también los encontrarás en todos lados. Los verás en los árboles, en los animales. Los verás en todas partes. Donde hay vida, está Dios. Entonces toda la existencia se convierte en templo.

DÍA **271** He observado que sólo la gente creativa conoce el éxtasis. Y con creatividad me refiero a satisfacer algo que está escondido en ti, descubrirlo y satisfacerlo en tu vida. Entonces habrás contribuido, habrás añadido belleza, gozo a la existencia. La existencia estará un poco más enriquecida que antes, gracias a ti. Dejarás la existencia un poco mejor, un poco más elevada, un poco más poética, un poco más mágica, un poco más dorada de lo que la encontraste al llegar. Eso es la satisfacción, eso es el éxtasis.

Esa experiencia llega mientras te vas volviendo silencioso. Entre más silencioso seas, más empezarás a sentir las manos de lo más grande detrás de ti. Cuando estés en silencio total, de pronto verás que eres una flauta de bambú en los labios de lo más grande, la canción fluye a través de ti. Tu única tarea es no obstaculizarla, no distorsionarla, permitir que su pureza pase a través de ti.

Debe transmitirse como es.

DÍA **272** Conviértete en canción, regocíjate en la vida. Baila con el viento y el sol y la lluvia. Estás caminando sobre un suelo sagrado; todo es divino, todo lo que te rodea. No ser canción es ser malagradecido, no bailar es ser malagradecido. Lo único que podemos hacer en agradecimiento a la existencia es cantar cancioncitas, bailar breves danzas. Podemos celebrar a nuestra manera. Así que deja que la vida se convierta en una celebración, un regocijo, un aleluya.

DÍA **273** La aventura real sólo empieza cuando tú te vas adentrando en tu ser y elevándote en tu consciencia. Los procesos son dos caras de una moneda. Si vas más profundo, irás más alto; si vas más alto, irás más profundo. Es una dimensión: la dimensión vertical. La gente que lleva una vida plana vive de forma horizontal y, por supuesto, su vida es como una llanta baja, ¡totalmente ponchada!

Vuélvete algo vertical. Sannyas es cambiar de horizontal a vertical. Y entonces la vida es una dicha, un regalo de la existencia. Uno no puede corresponderle a la existencia, no hay manera. Uno sólo puede estar agradecido, inmensamente agradecido. Eso es la oración, eso es la religión: una profunda gratitud a la existencia por lo que ha hecho por nosotros.

DÍA **274** Hay dos mundos: uno está en el exterior, el otro, en el interior. Son dos sólo para los ignorantes; son dos sólo porque todavía no has visto la unidad. El ego está parado entre los dos como una línea divisoria. Cuando el ego se evapore, desaparezca, sólo habrá un mundo. Entonces ya no será ni subjetivo ni objetivo, ni exterior ni interior. Pero para empezar, tenemos que aceptar el estado en el que estamos; por lo tanto, yo digo que hay dos mundos. Quiero decir que, para ti, hay dos mundos, el exterior y el interior.

Para entrar a la verdad última primero tienes que explorar el interior. Y todos exploramos el exterior; empezamos por el paso equivocado. Entonces todo lo demás sale mal. Si el primer paso está equivocado, entonces todo lo demás va a salir mal. Primero tienes que explorarte a ti mismo: «¿Quién soy?». Una vez que estés asentado en eso, una vez que hayas visto tu realidad, entonces podrás explorar el mundo entero, pero entonces estarás parado en tierra firme. De otra forma, la estupidez es que no sepas quién eres y que vayas conociendo todo lo demás. Tu propia casa quedará en tinieblas y tú seguirás buscando todo tipo de luces disponibles en el exterior. Eso no va a servir de nada.

Ninguna luz exterior puede entrar. Primero tienes que encontrar tu fuente interior de luz. Explórala y será una de las aventuras más llenas de éxtasis, de hecho, la aventura más llena de éxtasis. Ninguna otra aventura puede compararse con ella, todo lo demás se queda corto. Incluso ir a la Luna o a Marte se queda corto. Nada se compara con la travesía que hicieron Jesús o Buda. Ellos son aventureros de verdad.

DÍA **275** Pase lo que pase en el centro de tu ser, afecta a la circunferencia. Si tu casa es oscura, por supuesto que tus puertas y ventanas despedirán oscuridad. Y si prendes una vela adentro, entonces la luz empezará a llegar al exterior desde la ventana, desde la puerta. De lejos, una persona perdida en la selva, en la oscuridad, encontrará consuelo, dirección, porque tu casa está iluminada con una pequeña vela; empezará a ir hacia ti. Pero si la casa está oscura, entonces no podrá encontrarla.

Cuando uno se vuelve dichoso, se llena de luz. La miseria es oscuridad, la dicha es luz. Y puedes ver a la gente dichosa radiante; luminosa. Algo en su centro más profundo empieza a filtrarse hacia afuera del cuerpo, y eso da una belleza inmensa.

DÍA **276** Estamos hechos de luz; toda la existencia está hecha de luz y, sin embargo, el fenómeno desconcertante es que vivimos en la oscuridad. Es realmente increíble cómo conseguimos vivir en la oscuridad. ¡Es una proeza! Todos estamos haciendo un gran milagro: estamos hechos de luz y aun así estamos viviendo en la oscuridad.

La razón es que nunca nos observamos. Observamos a todo el resto del mundo, vemos por aquí y por allá. Nuestros ojos corren constantemente de un objeto a otro, pero nunca se quedan quietos ni en silencio para echar un vistazo a nuestro propio ser.

Y ese vistazo te transforma, te despierta.

DÍA **277** El hombre ordinario es inconsciente. Sólo una pequeña parte se ha vuelto consciente, una parte minúscula, muy intermitente. Si en cualquier momento sucede un pequeño incidente, te volverás inconsciente. Alguien te pisa y te vuelves inconsciente; alguien te pega y te vuelves inconsciente; alguien te insulta, te ve con ira, y te vuelves inconsciente; pasa una mujer hermosa y te vuelves inconsciente. Tu consciencia no es mucho, es un fenómeno bastante periférico. Cargas un mar inconsciente dentro. Eso tiene que transformarse.

Cuanto todo tu ser se vuelva consciencia, cuando nada te vuelva inconsciente, cuando incluso en el sueño profundo permanezca la consciencia como un trasfondo sutil, como telón de fondo, habrás llegado a casa.

DÍA **278** Dios no puede probarse. Ningún argumento es posible ni en favor ni en contra. Pero si uno aumenta su consciencia, empieza a sentir a Dios. Entre más consciente te vayas volviendo, te das cuenta de que las cosas empiezan a desaparecer; la materia empieza a desaparecer, y en lugar de material, el universo empieza a parecer divino, consciente.

Es una ley sencilla: el mundo parece ser materia porque tú piensas en ti mismo como cuerpo. Pensarás que el mundo es lo que sea que tú seas. Si crees que eres sólo tu cuerpo, el mundo es materia: no hay Dios. Si crees que eres alma, si te experimentas a ti mismo como consciencia, inmediatamente el mundo se experimenta como consciencia. El mundo es un espejo: refleja lo que tú seas. Así que sólo obtienes lo que te mereces.

Vuélvete más consciente y el mundo se volverá consciente contigo. Cuando llegas a la cima de la consciencia, el mundo desaparece como materia, se transforma en divinidad. Ésa es la última experiencia de la verdad, del amor, de la dicha.

DÍA **279** El hombre ordinario es muy cruel, más que cualquier otro animal, más animal que cualquier otro animal. El hombre es mucho más inconsciente que el resto del reino animal porque ningún animal mata a su propia especie excepto el hombre, ningún animal mata por deporte. Entre los animales no hay cazadores. Matan cuando tienen hambre, si no, no. El hombre mata como juego. Eso parece ser la máxima crueldad: destruir la vida sólo para mantenerse ocupado.

Pero conforme te vuelves más consciente de tu crueldad, de tu violencia, flagrante y sutil, empiezas a ser cada vez más compasivo. No es que cultives la compasión. Sólo volviéndote consciente de tu crueldad, violencia, fealdad... La propia consciencia te transforma. Y la energía involucrada en la crueldad, en la violencia, empieza a cambiar. La misma energía se purifica, la misma energía se vuelve compasión.

Ningún otro animal es compasivo tampoco. Por lo tanto, el hombre puede caer por debajo de los animales y puede elevarse por encima de los dioses. Ésa es la belleza del hombre, su esplendor, su gloria: tiene un espectro amplio, todo el universo está a su disposición. Puede ser el más bajo y puede ser el más alto.

DÍA **280** La verdad no puede transferirse, es una de sus cualidades intrínsecas. Mi verdad no puede ser la tuya. Si te la transfiero, en ese instante se vuelve falsa. Es como arrancar un árbol: cuando lo arrancas, se muere. Sólo está vivo si está sembrado. Y el árbol de la verdad no se puede trasplantar, no lo puedes poner en otro suelo. Así que la verdad de Buda muere con Buda, y la verdad de Jesús muere con Jesús. El cristianismo es un fenómeno falso, al igual que el budismo.

Cada persona tiene que descubrir su propia verdad. Aprende de Buda la posibilidad de la verdad, aprende de Buda la esperanza, aprende de Buda la confianza: «Sí, es posible. Y si es posible para alguien, ¿por qué no para mí?».

Pero no trates de pedir prestado, porque lo que sea que tomes no serán más que palabras; no tendrá ningún significado en tu vida. El significado viene de la experiencia.

DÍA **281** Se dice que Buda afirmó que las mentiras son dulces al principio y amargas al final; y que la verdad es amarga al principio y dulce al final. Y tiene razón, toda la razón. La verdad *es* amarga. No es que la verdad sea amarga, sino que hemos vivido tanto tiempo en la mentira que, cuando llega la verdad, nuestras mentiras se hacen añicos y duelen.

La verdad nunca compromete. Cuando llega, todas las mentiras están condenadas a hacerse añicos. Al principio crea caos, pero de ese caos nacen estrellas, de ese caos surge la creatividad. Así que muy pocas almas atrevidas han conocido la verdad. Otras han vivido mimadas por sus mentiras, abrazando sus juguetes, sus ositos de peluche, aferradas a ideas cómodas.

Por ejemplo, el hombre le tiene miedo a la muerte. Y como le tiene miedo a la muerte, sin saber nada de la inmortalidad, se aferra a la idea de la inmortalidad. Ni siquiera sabe lo que es la vida, aunque esté vivo. No sabe qué es la muerte, aunque haya muerto muchas veces. Pero se aferra a la idea de la inmortalidad. La gente me pregunta:«¿Qué pasa después de la muerte?».

Yo les contesto: «Primero trata de saber qué pasa antes de la muerte. Estás vivo, en este momento tus preocupaciones deberían enfocarse en qué es la vida.

¿Sabes qué es la vida?». Contestan que no, pero les interesa saber sobre algo que aún no ha sucedido: «¿Qué pasa después de la muerte?».

Si sabes lo que es la vida, si conoces eso que *es* en este momento, serás capaz de usar la misma consciencia cuando llegue la muerte. Es la misma consciencia: el mismo espejo que refleja la vida reflejará la muerte. Y si estás consciente, no hay muerte, no hay nacimiento, sólo hay eternidad. Pero eso tiene que ser una experiencia, no sólo una idea.

DÍA **282** Yo no enseño ninguna filosofía, ningún dogma, ningún credo. Toda mi enseñanza consiste en experimentar, ir hacia dentro de ti con la mente abierta, sin creencias, porque cualquier creencia será una obstrucción para conocer la verdad.

Cada creencia obstruye la búsqueda de la verdad. Así que no seas ni cristiano ni hindú ni mahometano; no seas ni teísta ni ateo. No es necesario porque no sabes nada. Sólo basta con saber «No sé nada» e ir hacia adentro con ese estado mental, como un niño inocente que no sabe nada. Si puedes entrar a tu propio ser como un niño, inocente, y funcionar desde un estado de no saber nada, entonces estarás cerca; muy cerca. Cuando conozcas tu ser habrás encontrado la llave, la llave maestra que puede abrir muchísimas puertas. De hecho, esa llave basta para abrir todas las puertas. Yo la llamo la verdad, tu verdad experimentada.

Así que deshazte de todas tus creencias, de todas las mentiras que te han enseñado, y ve de forma inocente, vacía, sin saber nada. Pronto encontrarás un gran tesoro, una gran sabiduría dentro de ti. Ya está esperando a que llegues con las manos vacías.

Meditar significa ir hacia adentro con las manos vacías, vacío de toda creencia, de todo conocimiento.

DÍA **283** Lo que dice Cristo es su propia experiencia y lo que dicen los cristianos es la creencia de Cristo. Y la distancia entre experiencia y creencia es grande. Es infranqueable.

Nunca seas un creyente si quieres conocer la verdad. No estoy diciendo que seas un incrédulo, porque eso también es una creencia, una creencia negativa, una anticreencia. Así que están los cristianos —que se aferran a una creencia— y la gente como Friedrich Nietzsche, que firmaba como el «Anticristo, Friedrich Nietzsche». Eso es el otro extremo. ¿Por qué firmarías como el Anticristo? Unos son cristianos, otros son anticristianos, pero ambos están confinados: unos de forma positiva, otros de forma negativa.

Mi intención es liberarte de ambos tipos de creencia —la positiva y la negativa— para que explores por ti mismo.

La verdad está a tu disposición como a la de cualquier Jesús, Buda o Krishna. No le pertenece a nadie, es el derecho de nacimiento de todo mundo. Debemos explorarlo, ir hacia adentro. En lugar de creer, debemos ir con la mente abierta. Las creencias te cierran. Tú vives con una conclusión que no es tuya, que te dio alguien más, que en realidad es accidental.

Si te hubiera educado un hindú, serías hindú; si te hubiera educado un mahometano, serías mahometano. Así que es sólo cuestión de condicionamiento, de quiénes son los que te condicionan, de dónde naciste accidentalmente. Te han condicionado la mente. La mente de todo mundo ha sido condicionada por sus padres.

Sal de todo condicionamiento, vuélvete libre para que puedas explorar, para que puedas buscar. Un hombre que ya tiene una conclusión se vuelve incapaz de buscar. El primer requisito de la búsqueda es deshacerse de todas las conclusiones *a priori* y, un día, podrás experimentar. Cuando experimentes, te volverás un cristo, un buda por ti mismo, y eso es bello. Cristo es hermoso, pero un cristiano es feo.

DÍA **284** Los nueve meses que un niño está en el vientre son importantes porque la madre y el hijo viven en armonía profunda, sin separación, en una unidad profunda. El niño respira a través de la madre; sus latidos van al mismo ritmo que los de la madre, él oye el corazón de la madre.

Los psicólogos dicen que la música nos gusta tanto porque de bebés oímos los latidos de la madre. Sin eso… Si un feto creciera en un congelador —y tarde o temprano lo van a hacer— no tendríamos deseos de música, no tendríamos ritmo. Seríamos fríos, muy fríos. No tendríamos ningún calor; no conoceríamos el vientre materno. Seríamos casi inhumanos, porque el niño cambia constantemente según los humores de la madre. Y tampoco va sólo en un sentido.

La madre cambia con los humores del niño; es un intercambio constante. Esos nueve meses, el dolor, la pesadez, el sacrificio, son necesarios, de otra forma, a la madre le haría falta algo.

Lo mismo pasa con la verdad: tienes que embarazarte de ella, no la puedes adoptar. Meditar simplemente significa deshacerse de todo lo adoptado para que te puedas volver libre y conocer lo que está dentro de ti.

DÍA **285** La gente se descarría porque no sabe dónde pedir consejo. Antes, iban con el sacerdote y ahora han empezado a ir con el psicoanalista. El psicoanalista es el nuevo sacerdote. Ni el sacerdote ni el psicoanalista saben nada. El sacerdote mismo estaba confundido, el psicoanalista también.

Los psicoanalistas tienen sus problemas; no han resuelto sus propios problemas. Tienen sus dificultades, su propio desastre. De hecho, están en un desastre mayor que el resto del mundo, que cualquier profesión. Ninguna profesión se suicida tan frecuentemente, y ninguna otra profesión se vuelve tan loca como los psicoanalistas, ¡y están tratando de ayudar a la gente! Ni siquiera ellos mismos están curados.

El viejo proverbio es absolutamente pertinente para ellos: que el médico se cure primero a sí mismo. Pero su profesión es muy redituable, siempre lo ha sido. El sacerdote, el curandero y el psicoanalista, todos pertenecen a la misma cadena. Todos explotan una cosa con diferentes nombres y es que la gente ha olvidado cómo escuchar su propio corazón.

Mi intención aquí es ayudarte a encontrar tu propia voz para que no necesites ningún otro consejo. Yo no te doy ningún consejo. No trato de resolver tus problemas particulares. Mi intención es totalmente radical; yo simplemente te ayudo a apagar tu ruido interior para que puedas escuchar tu propia voz. Y así, no podrás equivocarte. Así, vivirás en tu propia luz.

DÍA **286** La consciencia colectiva se ha vuelto inquieta porque nos enseñan a ser ambiciosos. ¿Cómo puedes descansar cuando hay ambición? La ambición significa correr, y correr rápido, porque hay otros corredores. No estás solo: compite, y compite por todos los medios posibles. No importa si los medios son buenos o malos, lo único que importa es el éxito. Nos han dicho una y otra vez que nada es tan exitoso como el éxito.

Si eres exitoso, lo que sea que hagas se considerará como bueno. Si fracasas, incluso lo que era bueno se verá como malo.

Nos preparan para una lucha política, por dinero, poder, prestigio, renombre, fama. Naturalmente, todas esas cosas crean una especie de fiebre, no te permiten descansar; el descanso parece una pérdida de tiempo. Una y otra vez nos recuerdan desde todos los rincones y esquinas, nuestros familiares, los sacerdotes, los pedagogos, los políticos, que es mejor hacer algo que nada. Y que descansar es no hacer nada. Incluso te dicen que hacer algo estúpido es bueno, con tal de que hagas algo: así que sigues haciendo cosas y no pierdes la cualidad de ser alguien que hace cosas. Han condenado el descanso como ninguna otra cosa. Dicen que una mente vacía es el taller del Diablo.

El descanso significa vacuidad. El descanso significa que no hay pensamiento ni deseo ni lugar a donde ir; uno simplemente se está relajando dentro de su propio ser. Es un contento enorme con el momento, en el momento, aquí, ahora. No hay futuro ni pasado, sólo existe este momento. No hay lugar hacia el cual huir; no hay espacio para que surja ni un solo pensamiento.

DÍA **287** Una persona realmente dichosa no tiene nada que esconder. Es expresiva, creativa. Y como no tiene nada que esconder, no tiene doble personalidad. Las dobles personalidades son complicadas, y no te puedes detener en dos. Una vez que vas hacia esa dirección necesitarás una tercera personalidad, luego una cuarta, luego una quinta… Es un proceso que va *ad infinitum*. Una mentira necesita otra para protegerse, y así sucesivamente. Di una sola mentira y tendrás que decir mil y una más para protegerla. Y a su vez, ellas necesitarán otra mentira. Se te olvidará por completo por qué empezaste a mentir, cuál fue la primera mentira.

Un hombre dichoso no tiene nada sobre qué mentir, nada que esconder, nada que cubrir. No necesita otra personalidad, es una persona simple. Y nunca es arrogante; no puede serlo, no tiene necesidad. ¿Por qué sería arrogante? Es tan dichoso que está agradecido, no es arrogante. No está enojado con el mundo; está muy agradecido con todo.

DÍA **288** Los pensamientos son como ondas, olas. Mantienen tu mente en un titubeo continuo. Y cuando la mente titubea, no puede reflejar la luna. Es como un lago lleno de olas: la luna está ahí, pero el lago es incapaz de reflejarla. Cuando el lago está en completo silencio, como si se hubiera convertido en espejo, la luna se refleja en toda su gloria. De hecho, la luna reflejada en el lago es mucho más hermosa que la luna real, porque el lago le añade algo a la belleza, al esplendor.

Y lo mismo pasa con la verdad. Cuando estás en absoluto silencio y la verdad se refleja en ti, gana algo. La verdad se enriquece cuando se refleja en la consciencia de un buda. Cuando Jesús mira la verdad, la verdad tiene mucho más esplendor. No es sólo que Jesús sea liberado por la verdad; la verdad también es liberada por Jesús. No es sólo que los budas sean agradecidos con la verdad; la verdad también es agradecida con los budas.

En Oriente, es un hecho bien sabido que cuando una sola persona se ilumina, todo el universo da un salto hacia adelante, hacia lo desconocido. Cada buda ha ido embelleciendo el diamante de la verdad. Pero todo el arte consiste en estar en silencio, en silencio total. Así que ése va a ser tu trabajo sobre ti mismo: sentarte en silencio, sin hacer nada, la primavera llega y el pasto crece por sí mismo.

DÍA **289** El hombre es un extraño en la tierra. Está, pero no pertenece a ella. Trata de cualquier forma de hacer un hogar, de crear relaciones, pero todo falla. Permanece sin hogar a menos de que empiece a ver hacia adentro, porque *ahí* está su verdadero hogar. Y el interior trasciende a la tierra; el interior no es parte de la tierra. Está aquí y no está aquí.

Una vez que sabemos quiénes somos en nuestro mundo interior, el sentimiento de ser un extraño desaparece. Habrás encontrado tu hogar, tu universo; habrás encontrado la divinidad.

A menos de que pase eso, todo esfuerzo está condenado al fracaso. Todas tus relaciones amorosas fracasarán sin excepción; tenemos la esperanza de que haya una excepción. Fracasa todo el poder. Uno podrá tener toda la riqueza del mundo y aun así seguir siendo pobre. Uno puede poseer el mundo entero y, sin embargo, en el fondo saber que está vacío, hueco, y la vida no tiene sentido.

Es imposible deshacerse de ese sentimiento de falta de sentido, es imposible entrar en sintonía con el mundo exterior a menos de haber entrado en sintonía con el interior. Cuando entras en sintonía con el interior, sucede un milagro: el exterior ya no es exterior, se vuelve una extensión del interior.

Una vez que has visto tu centro, tu circunferencia se vuelve parte de él. Entonces uno vive en el mundo y aun así el mundo no está en uno. Uno vive en el mundo, y aun así, éste sigue sin tocarlo.

DÍA **290** Está la gente mundana que está loca por el dinero, el poder, el prestigio, y están los llamados monjes, la otra gente mundana que está en contra del mundo. Pero la locura es la misma; no hay diferencia entre su locura, su demencia es la misma. El objeto ha cambiado —ya no están a favor del mundo, sino en su contra— pero son la misma persona, no han cambiado.

Toda mi intención aquí es darte el punto exacto que está en medio de ambos extremos. Buda ha llamado a su camino «*majjhim nikaya*», que significa «el camino medio». Decía que, si estabas exactamente en medio, trascendías los polos opuestos; entonces no estás ni en la lujuria ni en el odio. Y ese estado de frescura donde nada te perturba, ni el amor ni el odio, es el estado donde se encuentra la dicha, la divinidad, la verdad.

E igual que cuando el péndulo de un reloj se detiene en medio, si sostienes un péndulo en medio, el reloj se detiene; exactamente de la misma forma, si detienes tu mente en medio, la mente desaparece y el tiempo también. De pronto, entras a la eternidad. Ése es el mundo de la divinidad, el mundo de los inmortales.

DÍA **291** Los maestros zen llaman al estado de meditación la temporada de otoño, cuando se caen todas las hojas y los árboles están de pie desnudos. Cuando la consciencia se deshace de todo pensamiento, es como un árbol sin hojas, sin follaje, abierto al viento, a la luna, al sol, a la lluvia, descubierto, expuesto. En tal exposición se da la comunión con la existencia. Esa comunión es amor. En esa comunión uno se vuelve amante de la existencia.

DÍA **292** La meditación no está en contra del pensamiento; está *a favor* de la trascendencia, va más allá de los pensamientos. Es al estar totalmente desnudo que la existencia te puede ver como realmente eres: sin máscara, sin ropa, como un niño. Y esos son los grandes momentos de la vida, cuando el amor empieza a bañarte desde el más allá y la existencia te ama. Pero te lo tienes que ganar, tienes que ser digno de ello, te lo tienes que merecer.

Eso se da a través de la meditación. La meditación te prepara para recibir amor. La existencia siempre está lista para darlo, pero nosotros no estamos listos para recibirlo, no estamos lo suficientemente vacíos para recibirlo. Estamos tan llenos de basura; tan llenos de pensamientos, deseos, recuerdos, sueños, que no hay espacio dentro de nosotros. Se tiene que hacer el espacio. Ése es el arte de la meditación: crear espacio interior.

DÍA **293** La gente zen dice: siéntate en silencio, sin hacer nada, la primavera llega y el pasto crece por sí mismo. Sólo te tienes que sentar en silencio sin hacer nada y todo empieza a suceder por voluntad propia: la primavera vendrá y el pasto crecerá. Así nada más, todo va a suceder, no necesitas hacerlo. La meditación no es algo que se necesite hacer, es algo que se necesita entender.

Si entiendes la meditación, con eso basta: al sentarse en silencio en cualquier parte se puede entrar en estado de meditación. El estado de meditación no es una acción, sino un estado de silencio, un estado de inactividad en el que todo se detiene, desaparece todo movimiento, estás en reposo total. Y ésos son los momentos en que sabes que eres inmortal, que sólo el cuerpo morirá, que *tú* no vas a morir. Entonces desaparece todo el miedo, porque todo el miedo se basa en la muerte. Y no tener miedo es lo más fundamental para vivir gozosamente.

DÍA **294** Aprende a sentarte en silencio, sin hacer nada, sólo siéntate, relájate, reposa. Toma un poco de tiempo porque nos educaron para ser inquietos; nos educó gente que ha sido inquieta. Nos envenenaron, nos corrompieron de forma inconsciente, no intencional. Pueden haber sido buenas personas, pueden haber tratado de ayudarte, pero eran inconscientes, y la gente inconsciente no puede ayudar, sólo puede hacer daño. A pesar de todas sus buenas intenciones, están condenados a hacer daño. Han hecho a todo el mundo inquieto, agitado. Todo mundo siempre está corriendo, apresurado, sin saber a dónde va, sin saber por qué, para qué. La velocidad en sí misma se ha vuelto importante, como si tuviera algún valor intrínseco.

Alguien que medite tiene que aprender a hacer sólo lo esencial, sin desperdiciar su vida en lo no esencial. Alguien que medita tiene que aprender a relajarse, a descansar y a disfrutar el descanso. Y despacio, despacio, uno se asienta en su propio centro. Cuando toques tu propio centro habrás tocado la eternidad, habrás tocado la atemporalidad, habrás probado el néctar por primera vez.

DÍA **295** Conforme te sumerges en el silencio, los deseos desaparecen. Sólo existen en la circunferencia, como las olas sólo existen en la superficie. Si te sumerges en lo profundo del océano, no hay olas. Así, los deseos están sólo en la circunferencia de la consciencia. Si te sumerges… Entre más profundo vayas, más te alejarás de los deseos.

En el mero centro de tu ser olvidarás por completo que los deseos existieron alguna vez; parecerán sueños, fantasías. Ése es el momento más emocionante, la entrada en uno mismo. Entonces puedes regresar a la superficie, pero no puedes perder contacto con el centro. Entonces seguirás centrado, aunque estés en la circunferencia. Entonces todas las olas serán sólo juegos. Uno puede actuar y jugar, con hermosura y gracia, pero sin perturbación alguna, sin tensión alguna, sin presión alguna. Uno puede permanecer en el mercado y seguir en silencio total. Uno puede estar en medio de la multitud y seguir absolutamente solo.

DÍA **296** Desde fuera, el hombre parece ser una pequeña gota de rocío. Pero es sólo una apariencia, que eso no te engañe. Desde fuera, parece una gota de rocío; si miras desde el interior de tu ser, desde dentro, la visión completa cambia. Cuando te pares en tu centro interno y te veas a ti mismo desde ahí, te llevarás una gran sorpresa: parecerás oceánico, tan vasto como puedas imaginar. De hecho, más vasto que todo el espacio exterior, más grande que el cielo.

Pero como sólo nos conocemos desde el exterior, empezamos a creer en nuestra pequeñez. Y por esa sensación de pequeñez surge un complejo de inferioridad que causa millones de problemas, no uno o dos, millones. Todo mundo, casi todo mundo, sufre algún complejo de inferioridad. Y si dejas de sufrir por algún complejo de inferioridad, entonces empezarás a sufrir un complejo de superioridad, ¡que es lo mismo! Lo único que estás haciendo es pararte de cabeza. Es el mismo problema en el orden inverso.

Primero estabas empezando *ABC*, ahora estarás empezando desde la *Z* y vas en reversa. Es lo mismo si empiezas desde la *A* o desde la *Z*; es la misma línea, la misma lógica. Si fracasas en la vida, sufres de inferioridad. Si tienes éxito, te vuelves presidente o primer ministro, empiezas a sufrir un complejo de superioridad. Pero el problema es el mismo. ¿Por qué surge? Surge porque no sabemos quiénes somos.

Somos oceánicos: ni grandes ni pequeños, simplemente infinitos, sin principio ni fin. Ésa es nuestra divinidad.

DÍA **297** La gente que vive en el momento vive una vida vertical, crece a profundidad. Y entre más profundo vayas, más alto te elevarás. Es como un árbol: las raíces van hacia lo profundo de la tierra y el árbol se eleva hacia el cielo; entre más profundas sean las raíces, más alto será el árbol. Siempre es proporcional: con raíces pequeñas, el árbol no puede llegar muy alto en el cielo, se caería. Si el árbol quiere tocar las estrellas, entonces tendrá que llegar al mismo infierno con sus raíces.

Por lo tanto, un hombre de verdad vive en tal totalidad que alcanza las profundidades, el fondo de su ser. Y empieza a tocar las estrellas, las alturas y las cimas de dicha máximas.

Eso es la libertad, libertad de ser, y libertad de ser total y pleno.

DÍA **298** Crecer es una labor cuesta arriba, y es el reto más grande. Es el Éverest, el pico más alto, peligroso, arriesgado. Pero entre más peligroso sea, más encantador, más intrigante, más interesante. Entre más peligroso sea, más aventuras contendrá.

DÍA **299** Durante miles de años, se le ha dicho al hombre que tenga temor de Dios, ha estado atemorizado, paralizado de miedo. Y le han dicho que sea avaro. El miedo y la avaricia van juntos, son dos caras de la misma moneda. El miedo ha creado el infierno y la avaricia ha creado el cielo; el cielo y el infierno son proyecciones del miedo y la avaricia.

La gente religiosa no tiene nada que ver con la avaricia y el miedo. La persona religiosa vive en amor y dicha. Es lo suficientemente fuerte como para no tener miedo de nada. No le tiene miedo a la muerte. ¿Por qué tendríamos que temer a algo? Un día ya no eres... Sólo piensa en hace unos cuantos años: no eras, ¿te faltaba algo? Así que incluso después de la muerte, no te faltará nada. Es algo muy simple. Hace unos cuantos años, no estabas en el mundo y no te faltaba nada; ¡yo creo que eras perfectamente feliz! Ni siquiera estabas consciente de la felicidad, entonces, ¿te podía faltar algo? En el mejor de los casos, lo que sea que vaya a pasar en la muerte, serás el mismo: regresarás al mismo estado original previo al nacimiento, así que, ¿por qué temer? ¿Para qué? ¿Qué te ha dado la vida que la muerte te pueda arrebatar? Nada ha sido dado, nada se puede arrebatar.

El hombre religioso vive gozosamente: no hay nada por qué temer. Y de ese miedo surge un espíritu como roca.

DÍA **300** Podrás ir a una estética para el cuerpo, podrás ir a una universidad para la mente, pero para la gracia interior tendrás que ir hacia adentro. Los budas sólo pueden indicar el camino; sólo te pueden dar pistas vagas, no programas específicos, porque la travesía interior es una travesía misteriosa. No se pueden hacer mapas, no se pueden dar programas fijos, porque cada individuo tiene que entrar a un mundo interior diferente. Cada individuo tiene un territorio interior único.

La meditación es el único camino que te lleva a la gracia, a la belleza interior y a la realización interior. Pero una vez alcanzada, toda tu vida estará llena de ello. Entonces, todo lo que toques se convertirá en oro.

DÍA **301** En todas las lenguas hay expresiones para evitar la palabra *muerte*, pero hagamos lo que hagamos, ahí está. Y todos saben que está ahí. Desde el momento en que nace un niño, la muerte lo sigue. Todos los días te acompaña y la tenemos que enfrentar; la tenemos que ver a la cara y llegar a un acuerdo con ella. El único camino es la meditación. Meditar significa tomar consciencia: «¿Quién soy yo? ¿Soy el cuerpo o la mente, o soy algo más, algo distinto?».

Meditar significa volverse consciente dentro del ser, volverse alerta, vigilante, observador. Entonces esas cosas son muy sencillas: puedes ver que no eres el cuerpo porque un día el cuerpo fue un niño pequeño, luego se volvió un joven, luego envejeció, y tú eres el mismo. El cuerpo ha atravesado mil y un cambios, y tú eres exactamente igual, nada te ha sucedido.

DÍA **302** Sólo la meditación te puede volver consciente de que eres inmortal. De hecho, incluso aunque quisieras morir, no puedes; no hay forma de morir. Nunca naciste y nunca morirás. Estabas antes de nacer y permanecerás después de la muerte. El nacimiento sólo entra en cierto cuerpo y la muerte deja cierto cuerpo, pero tú eres eterno.

DÍA **303** La mayor experiencia de la vida es ver la muerte claramente, estar alerta, consciente. Es la mayor experiencia porque quien la ve suceder nunca nace en el cuerpo otra vez. Se vuelve parte del flujo eterno de la consciencia, de la consciencia universal; entonces se vuelve parte de la existencia.

A menos de que suceda esa experiencia tendrás que

regresar una y otra vez al cuerpo. El cuerpo es sólo como una escuela: si repruebas, tienes que repetir; si pasas, no hay necesidad de retroceder.

He observado que todo mundo puede pasar en esta experiencia. Todos tienen el potencial, sólo que nunca tratamos de volverlo acto.

DÍA **304** La vida está hecha de cosas pequeñas, pero si te regocijas, transformarás las cosas ordinarias en algo extraordinario. Incluso si te regocijas al comer, la comida se vuelve sagrada. Si te regocijas limpiando el piso, se vuelve una oración. Si te regocijas cocinando para tus amigos, para tu amante, para tus hijos, para tus padres, se convierte en meditación. El secreto es regocijarse. Regocíjate en todo lo que hagas y será suficiente para la existencia, será una ofrenda para la existencia. Y cuando haya llegado el momento correcto y estés maduro y listo, el sol saldrá por el horizonte y toda la oscuridad desaparecerá.

DÍA **305** El amor es una pequeña lámpara, pero con eso basta, de hecho, es más que suficiente. No necesitas llevar un sol contigo; con una pequeña lámpara basta en la noche oscura. Por supuesto que sólo arroja luz unos metros por delante de ti, pero es lo único que se necesita: caminas esos pocos pasos y luego la luz avanza otros más, y siempre irá por delante de ti. El amor es una pequeña lámpara en el corazón, pero es suficiente; no se necesita nada más para la peregrinación de la vida. Te va mostrando el camino correcto.

Si uno empieza a escuchar a su corazón, no es necesario escuchar ningún otro mandamiento. Entonces la existencia te va susurrando por dentro y mostrándote el camino.

DÍA **306** Muchas veces la gente empieza a meditar, a orar, a buscar dentro, pero quieren todo tan rápido, como si fuera café instantáneo, y no puede ser café instantáneo. Así que descartan el proyecto entero, y entonces, unos días después, empiezan a buscar en otro lado. Así gastan energía, destruyen muchos, muchos lugares en su ser y tras cada fracaso se deprimen más y pierden la esperanza.

Uno tiene que buscar en un solo lugar con un esfuerzo total, con un compromiso absoluto. Eso es el sannyas. Es un compromiso, un compromiso categórico para encontrar la fuente de la sabiduría en ti, sea cual sea el precio y tome el tiempo que tome. Tu decisión es absoluta y no vas a dar marcha atrás. Entonces no toma mucho tiempo.

La paradoja es que entre más paciente seas, más rápido sucederá; entre más impaciente seas, más tiempo tardará. Y cuando encuentres tu ser interior, explotará en miles de canciones, como el *Cantar de los Cantares*, canciones de amor y gozo, canciones de belleza y bendición.

DÍA **307** La gente vive en constante descontento por todo. Es un hábito. No es que, si tuvieran más dinero, una mejor casa y una mejor esposa, o un mejor hijo o un mejor trabajo estarían contentos, no es eso. Tengan lo que tengan, seguirán descontentos. Si son pobres, estarán descontentos; si son ricos, estarán descontentos.

El descontento es un hábito de la mente. La mente

vive a través del descontento, es intrínseco a la mente: la mente nunca puede estar contenta. Cuando entiendes esto, sucede un milagro. Entonces podrás dejar la mente de lado porque nunca te dará contento. No es su naturaleza, así que estás pidiendo lo imposible. Y lo que no puede suceder, no puede suceder, es fútil. Ésa ha sido la experiencia de toda la humanidad durante siglos. Y aun así, todo mundo trata, esperando ser la excepción. Nadie es la excepción.

El descontento crea miseria. Si entiendes por qué estás descontento, si no encuentras excusas en el exterior y te das cuenta de que así funciona la mente, te puedes deshacer de ese funcionamiento. Es muy fácil. La cuestión es poder verlo. No lo creas porque lo digo yo; tienes que verlo.

Observa tu mente.

DÍA **308** Una persona satisfecha no es más que amor. No es siquiera amorosa, es simplemente amor. Ama en aras del amor porque ésa es la manera de mostrarle gratitud a la existencia. Ése es su agradecimiento, su oración. Así que ama a todos y cada uno. No pide nada a cambio: simplemente da porque la existencia le ha dado tanto que tiene que compartir un poco.

Y el milagro es que entre más compartimos, más seguimos recibiendo. Una vez que aprendes el secreto y la aritmética de compartir, ya no puedes ser avaro; simplemente sigues compartiendo lo más posible, porque entre más compartes, más tienes.

Comparte tu dicha, comparte tu amor, comparte tu entendimiento, comparte todo lo que tengas, todas las riquezas internas. A eso es esencialmente a lo que me refiero cuando digo que el hombre satisfecho se vuelve el amor mismo.

Así que pasa de la insatisfacción a la satisfacción y verás el milagro: el amor empieza a fluir a través de ti en miles de arroyos, en muchas dimensiones, de muchas formas. Y la vida se convierte en un esplendor tal que es incomprensible para el intelecto, insondable para la mente, un misterio enorme y el más grande éxtasis.

DÍA **309** Primero tienes que estar satisfecho, luego tu propia vida se convertirá en una fuente de gozo para los demás. Ése es el único servicio verdadero, no el servicio que hacen los misioneros cristianos. Ésas son sólo malas acciones. Es explotar a la gente en nombre del servicio, es convertir a la gente. Es un juego político. Y la gente que convierte a otros no está convertida ella misma.

Convertirse no significa cambiar de religión, significa cambiar de consciencia. Ése es exactamente el significado de conversión: cuando ya no estás dormido, sino despierto, cuando ya no estás lleno de la basura de los pensamientos y recuerdos y deseos, cuando estás totalmente en silencio, eso es la conversión. Cuando la cabeza ha desaparecido —ya no eres de los que usan la cabeza— cuando el corazón ha tomado su lugar, cuando ya no tienes cabeza y eres puro corazón, eso es la conversión. No es que un hindú se convierta en cristiano, ni que un cristiano se convierta en hindú, eso es una completa estupidez. Es sólo cambiarse de cárcel, ir de una cárcel a otra no es conversión.

La conversión es algo interior. La única conversión

que conozco es de la mente a la meditación, porque cambia todo tu ser: de la insatisfacción te trae una satisfacción inmensa.

DÍA **310** Sé cada vez más alegre: no pierdas ninguna oportunidad. La gente es muy estúpida, nunca pierde la oportunidad de ser miserable. Incluso si no hay oportunidad de generar miseria, la inventan, fantasean. Si no es en el presente, empiezan a buscar en el pasado, si no es en el pasado, pensarán en el futuro, pero de alguna forma tienen que encontrar algo de qué preocuparse, algo por lo cual ser miserables. No es de extrañar que el mundo esté lleno de miseria.

Deberíamos hacer lo mismo con la dicha: nunca perder una oportunidad. Hay mil y una oportunidades todos los días. Una vez que estés alerta, te sorprenderás de todas las oportunidades que te has perdido. A cada paso hay oportunidades. Uno no necesita inventarlas ni imaginarlas, siempre llegan, la existencia sigue bañándonos. Pero estamos acostumbrados a una mala actitud, a un enfoque equivocado, a un enfoque negativo hacia la vida. Escogemos las espinas e ignoramos las flores. Los sannyasin cambian la gestalt entera; escogen las flores, ignoran las espinas.

Si escoges las espinas e ignoras las flores, tarde o temprano dejará de haber flores para ti, sólo habrá espinas. Incluso las flores se convertirán en espinas, porque todo tu enfoque será tal que una flor sólo te hará pensar en espinas. Y lo contrario también sucede: si escoges flores, incluso las espinas te harán pensar en hermosas flores. Poco a poco, las espinas desaparecen, toda la vida se llena de flores; llega la primavera.

Y entonces la existencia está cerca, muy cerca. Una vez que la dicha empieza a suceder, puedes sentir la existencia más cerca que el corazón, más cerca que tus propios latidos.

DÍA **311** Recuerda, el hombre viene al mundo como un lienzo en blanco. Dios no te da ningún programa; no estás programado. No existe el destino. Es una invención de los cobardes; es una invención de la gente que no quiere hacer nada con su vida, que es tan floja, tan cobarde que no quiere tomar ningún riesgo.

Dejan toda la responsabilidad en Dios. La llaman destino, kismet, karma, y miles de otros nombres, pero todos son trucos para evadir la responsabilidad.

Mi vida es mi responsabilidad. Sea lo que sea yo mismo, lo he hecho yo, y lo que sea que vaya a ser mañana, lo estoy creando hoy. No se puede hacer nada sobre el ayer; no hay por qué preocuparse, ya terminó. Pero hoy aún está disponible y de hoy saldrán todos los mañanas. Si uno está alerta, con un pequeño toque puede cambiar toda la historia.

DÍA **312** Hay gente que dice que cada nube negra tiene su borde de plata, y hay gente que dice que cada borde tiene su nube negra. Ambos tienen razón, no estoy diciendo que alguno esté correcto y otro no; ambos están correctos. El problema es averiguar qué te va a aportar eso.

Hay gente que cree que sólo hay un día entre dos noches y hay gente que cree que sólo hay una noche entre dos días. Ambos tienen razón. El problema es averiguar qué te va a aportar eso. ¿De qué te va a servir? Si piensas de forma negativa, tu vida será una miseria, y ¿cómo puede a una persona miserable ser religiosa? ¿De qué tiene que agradecer a la existencia? Sólo una persona dichosa puede ser religiosa, porque tiene mucho que agradecerle a la existencia. Las flores la bañan todos los días.

He oído hablar de un hermoso rabino que cayó de un edificio de cien pisos. El rabino era muy conocido; todo el edificio sabía quién era. Y la gente se asomaba a la ventana cuando él pasaba y le preguntaban: «¿Cómo está?».

Y él respondía: «Hasta ahora, muy bien». Seguía contestando: «Hasta ahora, muy bien».

Eso es lo correcto: hasta ahora, muy bien. ¿A quién le importa qué va a pasar después? Si va a suceder, va a suceder. Pero el hombre que puede seguir diciendo «Hasta ahora, muy bien» hasta el final también tendrá un fin totalmente diferente: será la acumulación de todo ese enfoque. No puede venir de la nada, viene de su ser: su muerte también será hermosa.

DÍA **313** Al hombre que sólo conoce la meditación le falta algo, y al hombre que sólo conoce el amor también le falta algo. El hombre completo conoce ambos; tiene ambos aspectos de la misma moneda entre sus manos. Tiene todo lo que es valioso dentro de sí. Su vida se convierte en un fenómeno exquisito, una hermosa canción, una experiencia graciosa. Es algo del más allá de la tierra. Vive en la tierra, pero es parte del cielo. Es un milagro, es una paradoja, pero en su ser paradójico, está completo, y estar completo es ser sagrado. Ésa es mi definición de un hombre sagrado.

DÍA **314** Al igual que un río desemboca en el océano, el que medita entra en la vastedad de la existencia y se vuelve uno con ella. La dualidad desaparece, ésa es la experiencia de la inmortalidad. Entonces es uno, pero no está separado del todo; uno es parte del todo, una parte intrínseca, orgánica, del todo. Los que lo han alcanzado son los que han despertado.

Por la luz, los que han despertado se llaman iluminados. Han experimentado la luz interior y ésa es la experiencia más grande de la vida. La vida es realmente una oportunidad para experimentar la luz, para volverse iluminado.

DÍA **315** La consciencia es inmortal. Y si uno no lo sabe, ¿cómo podría vivir gozosamente? Cuando la muerte es el fin de todo, todo pierde sentido. La creatividad no tiene sentido si la muerte es el final de todo. El amor no tiene sentido si la muerte es el final de todo. Y tus gozos no son nada más que ocupaciones; te mantienen ocupado para que puedas evadir la constante llamada de la muerte en la puerta. Pero, ¿cuánto tiempo se puede evadir? Oigas o no oigas la llamada, un día la muerte abre la puerta y entra. Ni siquiera pregunta: «Señor, ¿puedo pasar?». Simplemente entra. Y no te da ni un instante para prepararte. No puedes llevarte nada de lo que hayas acumulado y por lo que hayas desperdiciado tu vida. La muerte simplemente desmantela todo el esfuerzo de tu vida.

Con la muerte, uno no puede ver el significado de

la vida. Si todo termina en la tumba, ¿qué importa si fuiste un santo o un pecador, si fuiste famoso o un donnadie? Si fuiste presidente de un país o sólo un peón de oficina no importa, todo es igual. La muerte nos iguala a todos. Llega como una máquina aplanadora y nos iguala a todos, así que todo mundo es plano bajo tierra.

Pero si hay algo más en ti que desafíe a la muerte, entonces la vida tiene sentido. Entonces lo que haces es significativo. Entonces cada acto tiene valor porque cada acto sale de tu fuente inmortal, de tu ser. Te representa. Y no sólo te representa a ti, también te revela ante los demás y ante ti mismo. Es una manifestación de tu ser. Tu creatividad es tu manifestación. Entonces, hagas lo que hagas, tendrá significado en el contexto de la eternidad. Entonces no es lo mismo ser pecador que santo, ni ser creador que destructor. Entonces la tumba no es el fin y la muerte es superficial. En lo más profundo, eres inmortal, atemporal.

La victoria es posible sólo si llegas a conocer lo inmortal que está dentro de ti, y es posible conocerlo.

DÍA **316** El hombre tiene una enorme gloria escondida dentro de sí. El hombre es esplendor, pero está encarcelado. Se tiene que liberar ese esplendor. Es como una semilla que guarda miles de flores escondidas adentro, encarceladas. Se necesita un jardinero que ayude a la semilla; se necesita el suelo.

La semilla también necesita un poco de valor para deshacerse de su protección, de la dura cáscara que la rodea y la cubre. Entonces, la vida empieza a salir de ella inmediatamente, ¡llegarán millones de hojas, millones de flores y millones de semillas también! De hecho, una sola semilla tiene tanto esplendor escondido dentro de sí que puede reverdecer toda la tierra.

Lo mismo sucede con el hombre: un hombre es una semilla con miles de flores esperando. La meditación es el método para liberarlas. Y el arte es el mismo que el del jardinero. Tú eres la semilla y tienes que ser el jardinero también; eres la semilla y tienes que ser el suelo también. Tienes que deshacerte de la dura cáscara que te rodea, del ego, y el milagro se hace posible inmediatamente. Uno no puede creerlo a menos de que conozca su interior escondido.

DÍA **317** Buda, Cristo, Zaratustra, Lao-Tsé, todos ellos han llegado a saber sólo una cosa; el sencillo arte de ir al mero centro y ver el mundo desde ahí, donde la perspectiva es totalmente distinta. Todo tu mundo se vuelve distinto; ya no es el mismo mundo. En un sentido, todo permanece igual y, en otro, nada es igual.

Se vuelve una experiencia tan hermosa, un éxtasis tal que las palabras no son adecuadas para expresarlo. Toda la poesía se queda corta, incluso la música se queda corta, incluso la danza no puede ser un indicador real. No hay forma de transmitirlo con un gesto.

Cada quien lo tiene que conocer. La única forma de conocerlo es conociéndolo.

DÍA **318** La dicha no es algo que se te pueda añadir. No es un logro, ya está dentro de ti. Vino con tu vida misma; es intrínseca a tu ser. Necesita desplegarse. Es como un brote: con un pequeño esfuerzo puede convertirse en flor. En la mañana, cuando sale el sol, los brotes se empiezan a convertir en flores.

Lo mismo pasa con la meditación en el mundo interior, el jardín interior del alma. Conforme va surgiendo tu consciencia, te brinda calor interior. Casi puede sentirse. Cuando se empieza a despertar en ti, puedes ver la energía moviéndose dentro de ti, elevándose contra la gravedad. Entre más alto llegue, más podrás sentirla. Y conforme tu mundo interior se vaya calentando y llenándose de luz, muchos brotes empezarán a convertirse en flores. Y, de pronto, hay primavera.

La dicha es la primera flor en abrirse, y luego siguen muchas otras cosas, como si la dicha abriera la puerta del templo. Lo primero es la dicha y lo último es la experiencia de la divinidad, y entre ambas habrá muchas, muchas flores.

DÍA **319** Uno puede ser rico y poseer muchas cosas, pero esa riqueza es falsa: sólo te estás engañando a ti mismo. Llegas al mundo con las manos vacías y tendrás que irte con las manos vacías; tendrás que dejar atrás todas tus posesiones. Así que puedes desperdiciar la vida acumulándolas, pero en realidad no estarás ganando nada. Al contrario, estarás perdiendo una gran oportunidad de ser rico.

La riqueza verdadera es algo interior; no tiene nada que ver con cosas materiales. Y, recuerda, no estoy en contra de las cosas materiales: úsalas, disfrútalas, tienen su utilidad. No estoy en contra del mundo, ni en contra de la vida, ni en contra de disfrutarla: disfruta la vida en toda su belleza. Pero recuerda que eso no es todo. Eso es un mundo muy periférico; tu tesoro verdadero está dentro de ti.

DÍA **320** Vivir en el presente es la única forma de vivir. Y cuando vives en el presente sin que el pasado te arrastre hacia atrás, y sin que el futuro te arrastre hacia adelante, cuando toda tu energía está concentrada en el momento, la vida adquiere una intensidad inmensa. Se convierte en una relación de amor apasionada. Ardes con tu propia energía, te llenas de luz porque, a cierto nivel de intensidad, el fuego se convierte en vida, la intensidad se convierte en luz.

Y ésa es la única forma de volverse rico, de ser próspero. Todos los demás son pobres. Podrán tener todo el dinero del mundo, pero son pobres.

En el mundo hay dos tipos de gente pobre, los pobres pobres, y los ricos pobres. Mis sannyasins no pertenecen a ninguna categoría; simplemente son ricos. No importa si tienen algo o no. La riqueza no tiene nada que ver con las posesiones; tiene que ver con cómo vives, con tu calidad de vida, con la música de tu vida, con la poesía de tu vida. Todas esas cosas sólo suceden a través de la meditación. Nunca ha habido otra forma, no la hay y nunca la habrá.

DÍA **321** La única forma de ser rico es estar disponible para la existencia de Dios, para todos sus colores, todos sus arcoíris, todas las canciones, todos los árboles y las flores. Dios no se encontrará en las iglesias, las iglesias son fabricadas por el hombre. Dios se encontrará en la naturaleza.

Lo encontrarás en las estrellas, lo encontrarás en la tierra. Cuando llueve por primera vez y la hermosa fragancia surge de la tierra, ahí puedes encontrar a Dios. Puedes encontrar a Dios en los ojos de una vaca o en la risa de un niño. Puedes encontrar a Dios por todas partes excepto en los lugares que los sacerdotes han inventado. Las iglesias, los templos, las mezquitas están vacíos, tan vacíos como la gente. Cuando uno está listo para aceptar la vida como viene, sin condiciones, de pronto Dios se nos acerca corriendo desde cada rincón y esquina. Estar lleno de Dios es la única posibilidad de tener significado, de tener importancia en la vida. Y la gente que ha conocido a Dios ha conocido la inmortalidad. Entonces, sólo el cuerpo morirá; el centro esencial de su ser permanecerá para siempre.

DÍA **322** Uno tiene que estar más consciente de lo que está generalmente. La vida ordinaria no necesita más consciencia de la que tienes: con una consciencia superficial basta para ir a la oficina, para hacer el trabajo de rutina, para regresar a casa, para reproducirse, para hacer las cosas. Y, una vez aprendido, sigues repitiendo el patrón todos los días, es un fenómeno mecánico. La vida mecánica es la vida mundana.

Ser un sannyasin significa entrar en el fenómeno de lo sagrado. Para eso se necesita más consciencia, mucha más, porque no es algo mecánico, algo rutinario. No es una rutina diaria. Se mueve de lo desconocido hacia lo incognoscible; es deshacerse de lo conocido todos los días, morir para lo conocido y entrar en lo desconocido. Es una peregrinación eterna porque cada instante está tan lleno de misterio que uno tiene que estar muy alerta o, de otra forma, se lo perderá. Uno tiene que ser un vigilante constante.

DÍA **323** Una persona dichosa no puede ser mala con nadie, no puede hacer el mal, es imposible. Cuando eres dichoso, compartes tu dicha con la gente. Y eso es el bien, la virtud: compartir la dicha. Cuando eres dichoso te conviertes en una bendición para los demás; cuando eres miserable, ¿cómo puedes ser una bendición para otros? Incluso si intentas ser una bendición, no lo serás, serás una maldición.

Y eso es lo que uno puede ver y observar. No hablo de ningún fenómeno teórico: todos quieren ayudar, pero todos dañan.

Los padres quieren ayudar a sus hijos; sus intenciones son buenas, pero el resultado no. Los maestros quieren ayudar a los estudiantes; las universidades están ahí para crear mejores ciudadanos, pero no pasa nada. Las iglesias, los sacerdotes, los templos tratan de embellecer la vida, pero ésta se vuelve cada vez más fea. Y no dudo de sus intenciones; que sus intenciones sean muy buenas, pero muy poco científicas. Quieren que vivas mucho tiempo y te siguen dando veneno.

Tienen buena voluntad, pero lo que hacen no es bueno, no puede ser bueno. Son miserables, así que cualquier cosa que hagan les acarrea miseria a los demás. Sólo podemos dar lo que ya tenemos; lo contrario no es posible. No puedes dar dicha si eres miserable, y no puedes ayudar si tú mismo vives en un valle oscuro, en las tinieblas. Cuando estés lleno de luz, cuando todo tu ser esté lleno de dicha, naturalmente, hagas lo que hagas, acarrearás gozo a los demás.

Y la dicha viene a través de la meditación, no siendo virtuoso. La meditación trae dicha, la dicha trae virtud: ésa es la ley fundamental.

DÍA **324** Cuando hay dicha, hay danza, hay celebración, y esa danza te ennoblece. Cuando estás tan lleno, naturalmente, tiendes a compartir, sin propósito alguno, sólo por el mero gozo de compartir. Cuando tienes demasiado, quieres darlo. De hecho, uno tiene que darlo, de otra forma, se convierte en una carga. Cuando la flor está llena de fragancia, la fragancia se tiene que liberar al viento. No es una pérdida para la flor; es una satisfacción.

La nobleza no tiene nada que ver con el carácter; tiene que ver con la dicha. La nobleza no tiene nada que ver con el nacimiento, porque incluso los reyes son miserables, más miserables que cualquier otra persona. Son mendigos ricos, eso es todo, con fachadas hermosas, pero detrás de las fachadas están todas las clases de la fealdad.

La dicha es la única cualidad de la cual surge la nobleza. La nobleza simplemente significa el gozo de dar, el gozo de compartir, sin siquiera hacer que el otro se sienta obligado a nada, eso es la nobleza. Tú das y también le agradeces al que acepte tu regalo, eso es nobleza. Le agradeces porque pudo haberlo rechazado. Ha sido muy bueno contigo al aceptar tu regalo, al escuchar tu canción, al ponerte atención, al darle la bienvenida a tu amor; al no cerrarse cuando tú tenías tanto que dar, al estar abierto, disponible. Bailó contigo, se rio contigo y tú estás agradecido.

DÍA **325** Desde este momento, desconéctate del pasado. Empieza a contar tu vida desde este momento. Después de un año, tendrás un año de edad. La vida anterior será sólo un fenómeno del sueño. Ahora tienes que despertar, tienes que estar más alerta, más vigilante, más consciente.

DÍA **326** Uno puede desperdiciar su vida muy fácilmente porque es muy corta. Pero es extraño: si le preguntas a la gente: «¿Por qué juegas cartas? ¿Por qué juegas póker? ¿Por qué estás tan involucrado en el ajedrez?», dicen: «Para matar el tiempo». Como si tuvieran más tiempo del necesario. Como si el tiempo fuera tan inútil que tuvieras que matarlo.

El tiempo es lo más precioso. Una vez que desaparece, se fue para siempre. Y no tenemos mucho tiempo: la vida es muy corta. Se va tan rápido que entre el nacimiento y la muerte no hay mucho espacio. Y la gente mata el tiempo, sin saber que, de hecho, sucede justo al contrario: el tiempo te está matando a ti.

DÍA **327** La única utilidad de la vida es trascender el tiempo. La vida es una oportunidad en el tiempo para trascender el tiempo; se tiene que construir una escalera. El tiempo se mueve horizontalmente, como el alfabeto: *ABC*, es lineal. La trascendencia es vertical. Es como una escalera, no es lineal: o subes o bajas, que finalmente significa lo mismo. Si subes, vas más profundo. Si bajas, te elevas, pero empiezas a moverte en una dimensión totalmente nueva. Ya no te estás moviendo horizontalmente, te estás moviendo verticalmente.

Ese movimiento se da a través de la meditación. La

meditación es la escalera de la que estoy hablando. Te lleva más allá del tiempo y, de pronto, una gran juventud explota en ti. El toque de la eternidad es juventud.

Entonces sabrás que no hay nacimiento ni muerte. Entonces sabrás que perteneces a lo eterno. La experiencia de lo eterno es la experiencia de la divinidad.

Y ésas son las únicas dos posibilidades disponibles para el hombre. O se mueve en el tiempo, horizontalmente, linealmente —que es el camino de la mente— o se mueve verticalmente, que es el camino de la no-mente. La atemporalidad es el camino de la no-mente. Y la meditación no es nada más que el arte de saltar de la mente a la no-mente, de lo horizontal a lo vertical.

Es el mayor salto sustancial posible. Es el fenómeno más radical; con sólo un vistazo estarás lleno de divinidad, con sólo un vistazo dejarás de ser el mismo. No volverás a ser el mismo nunca. Vivirás en el mismo mundo, pero vivirás fuera de él. Estarás en el mundo, pero el mundo no estará en ti.

DÍA **328** Todos los días, escápate del mundo: cuando te vayas a dormir en la noche, despídete del día que ya no es. Termina con él, cierra el capítulo. Ciérralo de verdad, no lo vuelvas a abrir nunca. Se acabó. Y mañana en la mañana empieza de nuevo, como si hubieras vuelto a nacer. De pronto verás que tu vida empieza a tener nuevas cualidades que nunca habrías sospechado que se escondían dentro de ti. Tu potencial empezará a volverse real. Cada día traerá nuevas sorpresas y cada día será un misterio enorme. Es lo viejo lo que no permite que experimentemos el misterio. Sigue siendo fresco, joven, nuevo, y ese día no estará muy lejos; de pronto te tropezarás con Dios. Dios siempre es nuevo; cuando tú también eres nuevo, es posible un encuentro entre ustedes, porque ambos están en el mismo espacio.

DÍA **329** Uno no debe pensar en términos de límites: uno debe deshacerse de todas las ideas de limitación, ése es todo el fenómeno de los sannyas. Saber que «No soy el cuerpo» es el inicio de una gran peregrinación. Entonces, saber que «Tampoco soy la mente» es un paso más allá. Y finalmente, saber que «Ni siquiera soy mis sentimientos» es el último paso.

Después de esos tres pasos termina la travesía, porque en el cuarto paso descubres tu ser. Ese ser es vasto, infinito; tan vasto como el océano, tan vasto como el cielo. Experimentarlo es experimentar la divinidad. Y experimentarlo es experimentar la dicha, el éxtasis. Ésa es la única experiencia por la que vale la pena tratar. Todo lo demás es puro despilfarro, despilfarro de una gran oportunidad en la que uno puede encontrar el verdadero tesoro. Uno va recogiendo conchas y piedras de colores en la playa mientras que el tesoro está dentro de sí mismo; el reino de Dios está dentro de ti.

Deja de pensar en términos de limitaciones para que te des cuenta de que te estás acercando cada vez más al ser ilimitado, al ser infinito.

DÍA **330** Desde el exterior, el hombre parece una pequeña gota, pero desde el interior es totalmente diferente. La visión interna es la de un océano.

Desde el exterior parecemos pequeñas gotas de rocío porque sólo se ve nuestro cuerpo. Pero desde el interior, cuando uno está arraigado y centrado en su propio ser; cuando se da la claridad en el silencio profundo; cuando en meditación profunda uno tiene una vista despejada; cuando todo el humo de los deseos y pensamientos desaparece; cuando el espejo está absolutamente limpio y refleja lo que es, entonces de pronto uno se vuelve consciente de su propia consciencia, no de su cuerpo.

De hecho, en ese momento se le olvida su cuerpo. No sólo el cuerpo, también se le olvida la mente. En ese momento, uno llega a conocer la consciencia ilimitada. Esa consciencia ilimitada, esa consciencia oceánica es nuestro verdadero ser. Eso es lo que somos.

No somos lo que parecemos, así que no te dejes engañar por las apariencias. No decidas quién eres al verte en el espejo, porque el espejo sólo puede reflejar el físico. Tendrás que limpiar el espejo interior y sólo entonces sabrás lo vasto que eres. Eres tan vasto como el universo mismo.

DÍA **331** Todo mundo tiene la verdad dentro de su propio ser, pero muy pocos penetran hasta el centro, sólo corren alrededor de la circunferencia. La actividad de la circunferencia es la filosofía, y el salto de la circunferencia al centro es lo que yo llamo religión.

La religión no puede ser muchas. Las filosofías pueden ser muchas. Hay tantas filosofías como gente en el mundo, porque hay tantas filosofías como mentes; cada persona tiene su propia filosofía. Pero la verdad es la misma. Tu ser más profundo y mi ser más profundo no son dos cosas separadas: en el centro todos nos encontramos y somos uno. Sólo somos distintos en la superficie.

Es como las olas del océano: en la superficie, cada ola está separada de las demás, pero en el fondo hay sólo un océano, y ya no hay olas. Esa experiencia oceánica, esa experiencia de la unidad, es la verdad.

DÍA **332** Lo extraordinario está escondido en lo ordinario; lo sagrado está escondido en lo profano. Y ahí es donde se han equivocado las religiones: su sagrado está en contra de lo ordinario. Mi sagrado *está* en lo ordinario.

Por lo tanto, las religiones han condenado a la gente que dice que la vida es comer, beber y estar alegre. Las religiones han condenado a estas personas por materialistas. Yo no las condeno. Yo digo que ése es el enfoque correcto, que es un buen comienzo. Si puedes disfrutar, comer, beber y estar alegre, entonces, tarde o temprano, te intrigarás. Tarde o temprano surgirá la búsqueda en el corazón de toda persona inteligente: «¿Habrá más?».

Entonces, cuando ha surgido en ti la pregunta de que «Debe haber más» —porque empiezas a tener destellos de lo demás, así que empiezas a moverte hacia allá para descubrirlo, para experimentarlo—, entonces la meditación es muy natural y nunca te equivocarás.

El primer paso es el más importante. De hecho, el primer paso es casi la mitad de la travesía. Así que aprende a disfrutarlo todo, y deja de lado todo tipo de tristeza y seriedad. Baila, canta, celebra y despacio, despacio, medita para averiguarlo, porque ciertamente hay más. Pero para eso necesitas una inteligencia más profunda. La meditación profundiza tu inteligencia, te da claridad, y eso es todo. Eso limpiará tu espejo, y así empezarás a reflejar la vida con más claridad.

DÍA **333** Las religiones explotan tu miseria; primero te vuelven estúpido, lo que crea miseria, y luego explotan tu miseria. Dicen que eres miserable porque no crees en Dios, porque has pecado en tus vidas pasadas, porque no eres virtuoso. Si eres miserable, confiesa; si eres miserable, reza; si eres miserable, ve a la iglesia regularmente. Vuélvete más religioso, vuélvete monje o monja para que Dios te pueda perdonar. Y esas cosas tienen cierto atractivo, porque la gente quiere deshacerse de la miseria, así que están dispuestos a seguir cualquier idea.

Pero una persona estúpida no puede entender lo que hace, por qué lo hace ni a dónde va. Lo primero que se necesita es liberar su inteligencia encarcelada, entonces la dicha es muy simple: es un resultado. Una vez que conozcas tu inteligencia, inmediatamente empezarás a sentir un baño de dicha.

DÍA **334** La moral es para los hombres, los hombres no son para la moral. Y la moral tiene que cambiar con el tiempo. La gente necesita cambios, requiere cambios; no puedes continuar con reglas viejas. Los Diez Mandamientos se dieron hace tres mil años y ahora todo es distinto, son absolutamente irrelevantes. Tienes que encontrar nuevas formas de vivir, de ser. La única posibilidad es que nos deshagamos de toda la idea de conciencia. En lugar de conciencia, deberíamos de depender de la consciencia.

La conciencia siempre la crean otros. Es una manipulación, es una esclavitud sutil. En cambio, la consciencia la creas tú. Por tu propio esfuerzo, te paras sobre tus dos pies, ves la vida y reúnes suficiente valor para vivir según tu luz.

Por supuesto, cuando vives según tu propia luz puedes cometer muchos errores, pero no hay nada malo en cometer errores, porque es la única forma de aprender. Entre más errores cometas, más aprenderás. Lo único que hay que recordar es: no cometas los mismos errores una y otra vez, porque es estúpido. Comete errores nuevos; encuentra la forma de cometer errores nuevos.

Conforme vas creciendo, conforme vas aprendiendo, conforme te vas volviendo consciente, conforme te vas volviendo más y más alerta, surge cierta disciplina interior sin imposición alguna, porque puedes ver lo que está bien y lo que está mal.

DÍA **335** La inocencia es lo más precioso: sólo al corazón inocente le puede suceder lo más valioso. Al malicioso no le sucede nada. Para el malicioso, el amor es imposible; para el malicioso, la dicha es imposible; para el malicioso, cualquier cosa valiosa es imposible. Para el malicioso, el dinero es posible, el poder es posible, el prestigio es posible. Son puras cosas sin valor.

Pero al inocente le sucede algo que ni siquiera la muerte le puede arrebatar.

DÍA **336** Estamos en busca de un hogar. Todo mundo —consciente o inconscientemente, a sabiendas o sin saberlo— anda en busca de un hogar. En algún lugar de nuestro ser está el recuerdo de haber tenido un hogar. Es muy vago, no está muy bien definido, pero no lo has olvidado por completo. Nadie lo olvida por completo. Te rodea como una sombra, como una nostalgia. Es como un país lejano; un tiempo en que fuiste feliz, dichoso, gozoso, cuando no había ansiedad, angustia, responsabilidad; cuando la vida era pura dicha, cuando la vida era sólo un baile, una canción.

En algún lugar profundo sigue merodeando el deseo, te sigue provocando para que lo encuentres otra vez. Todas las religiones nacieron de ese anhelo; de otra forma, no tendrían razón de existir, no cumplen ningún propósito práctico. Por eso, para un hombre de mente práctica, la religión parece ser absolutamente absurda. La ciencia parece ser perfectamente adecuada, sirve a muchos propósitos prácticos. ¿Cuál es el propósito práctico de la religión? No parece tener utilidad alguna, es una total pérdida de tiempo. Podrías haber producido algo y estás meditando, sentado en silencio, sin hacer nada. Para el hombre práctico eso es un desperdicio. Pero si el hombre práctico mira un poco hacia dentro de sí mismo, encontrará el sentimiento escondido en alguna parte: «Ésta no es la vida; esto no puede ser todo. Debe haber algo más».

Por supuesto que no sabemos exactamente qué más haya, pero un sentimiento persistente, una fuerza intuitiva sigue trabajando dentro. Tarde o temprano uno tiene que escucharlo, y entre más pronto lo escuche, mejor, porque uno nunca sabe cuándo terminará la vida. Puede ser en cualquier momento. Si el hombre se compromete realmente y se interesa por la religión cuando es joven, entonces existe la posibilidad de que encuentre el verdadero hogar.

DÍA **337** Para encontrar tu rostro original, tienes que ir hacia adentro. Tienes que descubrirlo en el mero centro de tu ser. Ningún espejo puede ayudar, ninguna escritura puede ayudar. Los budas sólo pueden indicar el camino, pero no hay Buda que pueda acompañarte hasta ahí. Yo te puedo mostrar el camino, pero tendrás que seguirlo; tendrás que hacerlo solo.

Cuando conozcas tu rostro original, surgirá un gran gozo, nacerá una gran dicha. De pronto, te darás cuenta de que no eres accidental, de que la existencia te designó; de que llevas un mensaje importante para la existencia; de que eres necesario; de que estás cumpliendo cierto propósito en esta gran trama de la vida. Estás cumpliendo cierta utilidad intrínseca, orgánica, que te da una gran paz, un gran gozo.

DÍA **338** El hombre tiene que volver a ser niño. Sólo entonces estará realmente consciente de la belleza de la existencia, de la maravilla de la existencia. Ese mismo sobrecogimiento es el inicio de la religión. Pero sucede —y es obligatorio, no se puede evitar, es casi un mal necesario— que todo niño pierde su inocencia porque tiene que educarse. Tendrán que educarlo en cierta lengua, ciencia, geografía, matemáticas, en ciertas materias esenciales. Tendrá que ser un experto en cierta profesión, doctor, ingeniero, científico. Los requisitos de la vida son tales que no lo pueden dejar solo.

Y toda esa educación le quita la inocencia; se vuelve experto, se llena de información y olvida el gozo de la maravilla porque ahora cree que sabe, así que ¿para qué maravillarse? Se le olvida la inmensa dimensión del sobrecogimiento. Nada lo sorprende y eso es un tipo de muerte espiritual. Se vuelve muy útil para el mundo, se vuelve listo, malicioso, poderoso. Y como tiene cierta utilidad en el mundo, se convierte en una mercancía en el mercado. Es comprable, vendible. Entre mayor sea su conocimiento, más alto será su precio. Pero se pierde algo de gran valor que tiene que recuperarse.

DÍA **339** El amor limpia todas tus impurezas: la ira, los celos, el odio, la posesividad, la dominación. Todos los viajes del ego simplemente desaparecen, al igual que el polvo desaparece cuando te bañas. El amor es un baño del espíritu: te limpia. Te purifica como a un niño pequeño, inocente. Y de esa inocencia surge la belleza, la gracia; de esa inocencia surge finalmente la experiencia de la divinidad.

Tenemos que ser dignos de experimentar la divinidad. Tenemos que crear la situación adecuada, sólo entonces podemos invitarla a pasar. Incluso si un invitado ordinario va a tu casa, la limpias, la decoras, arreglas los muebles; haces que todo dé una sensación de bienvenida para que el huésped se sienta en casa, bienvenido, querido. Y cuando invitamos a la divinidad, tenemos que preparar nuestro ser interior, porque ése es el lugar al que podemos invitarla.

El amor limpia el mundo interior. El amor es alquimia; trasforma tu propia química. Te hace una persona nueva, te hace renacer.

DÍA **340** El que medita no conoce la diferencia entre gente negra y blanca. Todo eso parece muy infantil; decidir a partir del color de la piel es muy tonto. Una persona inteligente no puede hacer eso. Por lo tanto, los políticos estarán en contra de la meditación. El Estado estará en contra de la meditación, porque el que medita se vuelve de alma fuerte; es imposible esclavizarlo. Se convierte en individuo y afirma su individualidad. Está dispuesto a sacrificar su vida, pero nunca está dispuesto a hacer concesiones. Ningún interés particular le gustará.

Por eso digo que la meditación es ciertamente un regalo de Dios, porque todo el mundo está en su contra; sin embargo, de vez en cuando alguien se interesa en la meditación; ahí debe de estar oculta la mano de Dios. Tiene que ser así, porque sólo Dios está a favor de la meditación. Y quien esté a favor de la meditación es gente de Dios.

DÍA **341** Yo quiero que te ames a ti mismo, porque sólo a través de ese amor desciende la paz. Quiero que te aceptes a ti mismo en tu totalidad, como eres. Eso no significa que no habrá crecimiento; de hecho, cuando te aceptas a ti mismo como eres, se da una gran explosión, porque la energía involucrada en el conflicto se libera y esa energía está disponible para ti. Te vuelve fuerte, te hace más inteligente, te vuelve más alerta, te hace estar más vivo, crea un alma dentro de ti.

DÍA **342** La no-mente es el principio de una dimensión totalmente nueva, cuando cesa todo pensamiento y hay silencio total, como si hubiera llegado un freno completo. Nada se mueve, todo se ha detenido. El tiempo se ha detenido; uno está simplemente en el presente. En ese gran momento —porque es el momento más vivo de tu vida— te descubres a ti mismo. Y eso lleva rebelión a tu ser. Eres una persona totalmente diferente, renacida, ya no eres la persona anterior, lo viejo muere. Ni siquiera continúas con lo viejo. No es que la casa vieja se haya refinado, sino que lo viejo simplemente se ha evaporado. Eres una persona totalmente nueva, un fenómeno discontinuo.

Con esta vitalidad, haga lo que haga una persona, diga lo que diga, será rebelde.

DÍA **343** Las religiones crearon el miedo al amor. Por lo tanto, los monjes viven separados de las monjas, las monjas viven separadas de los monjes. Había un miedo inmenso. En el Monte Athos sigue existiendo un monasterio ortodoxo que tiene mil años, y en mil años no ha entrado ni una sola mujer al monasterio. ¡Ni siquiera dejan entrar a una niña de seis meses de edad! ¿Qué decir de las mujeres? ¿Qué tipo de gente vive dentro, monjes o monstruos? Les asusta incluso una niña de seis meses. ¡Deben estar hirviendo! Deben estar sentados sobre volcanes de sexualidad. Y no pueden salir. Cuando un monje ha entrado al monasterio, ha entrado para siempre. Tiene entrada, pero no tiene salida.

Así que, primero, las religiones crearon a esa gente estúpida, desprovista de amor, desprovista de la tierra, desprovista de raíces: están muertos. Y el segundo resultado fue que dejaron de ser creativos, porque sin amor no hay creatividad, sin el mundo no existe la creatividad. ¿Qué puedes crear? Le tendrás miedo a la belleza. Incluso la belleza de una rosa te recordará la belleza de una mujer o de un hombre. Incluso la belleza de un amanecer te lo recordará, la belleza de la luna te lo recordará, y los rostros empezarán a surgir en tu memoria. No puedes pintar, no puedes cantar, no puedes tocar instrumentos musicales, no puedes crear poesía, porque sin amor, ¿qué poesía crearás?

El amor es la fuente de toda creatividad, y todas las religiones del mundo crearon personas no creativas. Es una calamidad. Millones de personas que podrían haber contribuido enormemente al mundo, que habrían hecho de él un lugar hermoso, un paraíso, fueron arrancadas del mundo, robadas.

Mi intención es ponerle un alto a todo este sinsentido, un alto total. Ya es hora, ¡ya basta!

DÍA **344** Cuanto más reprimas, más miedo tendrás; cuanto más miedo tengas, más reprimirás y más condenarás. Se vuelve un círculo vicioso, y vas cada vez vas más rápido en el círculo vicioso. Lo mismo pasa con todo. Si reprimes tus tensiones podrás alcanzar una paz muy superficial, pero no serás su amo, sólo serás un esclavo. Y sabrás que en cualquier momento puedes perder la paz. Ni siquiera penetra la piel, es una farsa absoluta. Lo sabes perfectamente bien porque has reprimido todo lo que está en su contra. Está ahí, y va acumulando energía. Sólo hay una delgada capa de paz y estás sentado sobre un volcán. ¿Cómo podrías ser el amo?

Ser un amo de paz significa que no has reprimido nada, sino que has tratado de entenderlo todo. La maestría llega a través de la comprensión. Ésa es la magia de la comprensión: todo lo que hayas entendido correctamente deja de tener poder sobre ti.

DÍA **345** Un niño viene con silencio absoluto: el pizarrón está vacío. Tiene gracia, belleza, la música del silencio. Pero empezamos a llenar a todos los niños de ideología religiosa, de ideología política. Empezamos a envenenar a todos los niños con ambiciones. Creamos deseos en ellos, creamos competencia en ellos, creamos deseo de imitación en ellos. Les decimos: «Mira, tienes que ser esto, tienes que ser presidente o primer ministro del país, tienes que ser el hombre más rico».

Todos los padres quieren que su hijo sea el mejor, un Alejandro Magno. Todos los padres viven sus deseos insatisfechos a través de sus hijos. No han sido capaces de satisfacer sus deseos; nunca nadie ha sido capaz de satisfacer sus deseos porque el deseo como tal es insaciable. No se puede hacer nada al respecto. No está en la naturaleza de las cosas, no es la ley de la vida. Estar lleno de deseos simplemente significa esperar miles de frustraciones, de fracasos. Los deseos sólo traen frustración. Crean grandes expectativas, y cuando se deshacen —y están condenados a deshacerse tarde o temprano— nos desilusionamos. Hemos cargado la ilusión tanto tiempo y estamos tan apegados a ella que nos sentimos perdidos. Cuando un deseo se frustra, quedamos heridos. Y las heridas se van acumulando.

Todos los niños llegan al mundo sanos y completos y nosotros empezamos a herirlos inmediatamente. Hasta ahora, la humanidad ha existido de una manera muy equivocada. Algo básico, fundamental está mal. Toda educación es ambiciosa, política; nuestras religiones son políticas. Quizá sean política del más allá, pero son política. Tienes que alcanzar el cielo; y en el otro mundo también tienes que ser un gran alcanzador.

Nadie dice estar vacío de todo contento, pero en esa vacuidad, en esa nada, florece lo más alto.

DÍA **346** La educación real aún está por nacer, todavía no sucede. La educación real nos volverá conscientemente inocentes. El niño es inocente y la educación real añadirá consciencia. En este momento, nuestras escuelas y universidades destruyen la inocencia. En lugar de ayudarnos, nos hacen daño. Por supuesto que siguen diciendo que es por tu bien; pero el árbol tiene que juzgarse por su fruto. Que el mundo entero esté viviendo en este desastre, en este caos, es prueba suficiente, porque es el resultado de toda nuestra educación, civilización, cultura. Hay pruebas suficientes en los seres humanos que hemos creado: todos están ansiosos, desesperados, angustiados. Y todos están aburridos, cansados, agotados, sin sentir gozo alguno, sin sentir siquiera algún significado en su vida, casi siempre al borde del suicidio. Un pequeño empujón de cualquier evento accidental y se suicidarán o se volverán locos.

Esto es lo que hemos hecho con los seres humanos: los hemos empujado a un lugar desde donde tienen que seguir viviendo una vida estúpida totalmente carente de sentido, o tienen que suicidarse o enloquecer. Sólo les quedan tres alternativas y ninguna tiene ningún valor.

Mi trabajo aquí consiste en crear una educación real. Para mí, la educación real significa que tu inocencia se tiene que proteger, respetar, honrar, porque es un regalo de la existencia. Es inmensamente preciosa. De hecho, no hay nada más precioso. Gracias a esa inocencia alcanzarás el amor, la dicha, la divinidad; gracias a esa inocencia nacerán todos los grandes valores. Por lo tanto, no debe destruirse, debe protegerse, debe apoyarse y nutrirse. Y la mejor forma de proteger es con cierto tipo de consciencia. De eso se trata la meditación: de crear consciencia en ti para que tu inocencia ya no esté en la oscuridad, sino en plena luz.

DÍA **347** No hemos sido capaces de crear una sociedad que le permita crecer a la inteligencia hasta su cúspide. Seguimos viviendo bajo un miedo primitivo; seguimos viviendo con mil y un tabúes y supersticiones. Meditar significa deshacerse de todo ese sinsentido que la sociedad nos impone. Meditar significa libertad de todas las estructuras que nos imponen los demás. Entonces el espejo estará limpio otra vez y tú podrás reflejar otra vez lo que es.

Dios es otro nombre para lo que es, nada más. Una vez eliminadas las capas de polvo que se han puesto sobre tu espejo, serás capaz de reflejar la realidad. Y una vez que la realidad se refleje como es, empezarás a responderle, te volverás responsable por primera vez.

DÍA **348** Todo el arte de la meditación es traerte la paz, el silencio y el gozo eternos. Y el milagro es que brota dentro de ti. La meditación simplemente elimina todas las barreras en su camino. Quita todas las piedras y los arroyos empiezan a fluir. Y cuando aprendas que no tiene nada que ver con nada del exterior, tendrás una gran independencia, una gran libertad. No dependes de nadie, puedes gozar absolutamente en tu soledad. Tu soledad se vuelve luminosa, ya no es solitaria. Está llena de gozo, una soledad que baila, una soledad que canta; tiene gran belleza y gran poesía y gran música.

DÍA **349** Todas las religiones han explotado la cobardía del hombre: te asustan, y ya que estás temblando de miedo, te explotan, te manipulan con facilidad. Entonces los sacerdotes te pueden tomar bajo su protección y decir: «Hijo, no tengas miedo. Nosotros te protegeremos, rezaremos por ti. Sólo sigue nuestro consejo. Haz lo que decimos y verás que alcanzarás el cielo. Si no nos sigues, si no nos escuchas, te irás al infierno».

Han representado el infierno tan colorido que cualquiera se asustaría. Y han descrito el cielo tan hermoso que genera avaricia. El infierno da miedo, el cielo causa avaricia y, entre ambos, toda la humanidad ha sido reducida a la esclavitud espiritual.

Mi sannyasin no es un esclavo espiritual, es un rebelde. La religión no tiene nada que ver con la esclavitud, es rebelión pura; por lo tanto, yo digo que la valentía es la cualidad más fundamental. Y necesitamos gente valiente en el mundo para que pueda destruir todas esas estrategias que han echado raíz en el hombre. Han explotado a la humanidad tanto tiempo que es momento de detenerlo, y detenerlo para siempre.

DÍA **350** La vida es un regalo de la existencia. No lo olvides nunca. Todo mundo lo ha olvidado: nadie está agradecido con la existencia por la vida, al contrario, la gente se queja continuamente. No están agradecidos. Un regalo tan precioso, tan incomparable y único, pero la gente es tan estúpida que no puede apreciarlo. Lo dan por hecho, como si fuera su derecho. No es nuestro derecho, no podemos reclamarlo. No lo merecemos, no somos dignos de él.

No se nos da porque lo merezcamos, sino porque la existencia no puede resistir la tentación de darlo. Lo tiene que compartir: se desborda con la energía de la vida. No sabe qué hacer con ella; por lo tanto, nos baña con ella. Dignos o no, la merezcamos o no, seamos santos o pecadores, no importa, la existencia sigue dando. Ésa es su naturaleza intrínseca. Da porque tiene tanto que, si no diera, se volvería una carga. Es como una nube llena de agua: tiene que llover. Lloverá sobre las piedras, lloverá sobre las rocas, lloverá por todos lados. Tiene que llover. Entender esto es ser religioso.

Entender esto trae un cambio a tu consciencia. Entonces ya no te quejarás, estarás inmensamente agradecido, y ese agradecimiento es oración.

DÍA **351** La meditación sin paz está muerta, es forzada, no es meditación verdadera, es sólo cierto tipo de concentración. Y ése es uno de los errores más grandes que comete mucha gente: creen que la concentración es meditación. No lo es. Meditar es justo lo contrario. La concentración es un estado mental tenso; la meditación es un estado mental relajado. Y el milagro de la relajación es que cuando la relajación es total, la mente desaparece. La mente sólo puede existir con tensiones, ansiedades, preocupaciones. Se alimenta de ellas; por lo tanto, la concentración nunca te lleva más allá de la mente. Podría lograr darte cierta fuerza mental, podría hacer que tu mente funcionara más eficientemente, más poderosamente, porque estarás menos distraído, pero no te ayudará a alcanzar un estado de no-mente.

La meditación es un estado de no-mente. Y sólo en la meditación, en la verdadera meditación, sucede la paz. Es sólo una fragancia natural de la meditación.

Uno también puede ser pacífico sin meditación, y entonces, otra vez, algo está mal. Esa paz se queda sólo en la superficie y en el fondo siempre hay agitación. Uno está sentado sobre un volcán, apaciblemente, pero el volcán está ahí y puede hacer erupción en cualquier momento. Cualquier pretexto servirá. Nunca te obligues a ser pacífico y nunca obligues a la mente de ninguna forma, sobre ningún tema, en ninguna dirección.

Entra en relajación, relajación total, sin hacer nada, sólo sé. Y en ese momento, cuando seas puro ser, sin hacer nada —ningún esfuerzo por ser pacífico, ningún esfuerzo por concentrarte—, cuando no haya esfuerzo alguno de tu parte, en ese momento sin esfuerzo, la meditación y la paz se darán simultáneamente. Y eso trae victoria, victoria interior. Te convierte en amo de tu propia alma, de tu propio destino.

DÍA **352** Uno puede estar en calma y en silencio de dos formas. Una es muy barata y superficial, fácil de lograr, pero sin valor alguno. Es cultivar cierta cualidad de calma en torno a ti mismo, pero sólo en la superficie, convirtiéndola en atributo de tu carácter, así que, aunque haya agitación adentro, al menos hacia el mundo exterior puedes parecer en calma y tranquilidad. Eso es lo que ha estado haciendo la mayoría de la gente.

Cultivan una calma poco profunda, superficial, que

ni siquiera penetra la piel que los rodea. Con sólo un rasguño perderán la calma. Cualquier accidente basta para ver que son infantiles, inmaduros. Alguien los insulta y la calma desaparece; se van a quiebra y toda la calma desaparece. Entonces puedes ver al niño tomando posesión inmediatamente de ellos; hacen berrinche. Se les olvida su carácter. Entonces, esos que se dicen calmados se vuelven iracundos, violentos, pueden asesinar, suicidarse.

Pero la sociedad sólo quiere que seas superficialmente calmado. No le interesa tu transformación real porque sólo lidia con tu exterior. No tiene nada que ver con tu interior. No tiene interés en tu mundo interior. La verdadera calma, la calma auténtica surge de la meditación, no de cultivar un carácter, sino de la consciencia.

Meditar significa consciencia. Estar consciente de tu ira la disuelve, y la disuelve desde lo más profundo de ti; incluso desaparece de tu inconsciente. Entonces estarás en calma verdadera, calma del centro hacia la circunferencia. Todo tu ser está en calma. Entonces nada puede perturbarte, ni la vida ni la muerte. Nada puede perturbarte.

Sólo cuando nada te puede perturbar, cuando es imposible que te perturben, cuando incluso aunque tú quieras que te perturben, eres incapaz de ello, sólo entonces habrá pasado algo realmente valioso. Eso sólo puede suceder a través de la consciencia.

DÍA **353** El amor tiene que ser terrenal. Así como los árboles no pueden crecer sin tierra —necesitan raíces en la tierra— el amor necesita raíces en la tierra; el cuerpo representa la tierra. Pero el árbol se eleva hacia el cielo; les susurra a las nubes. Todo árbol tiene la ambición de tocar las estrellas.

Pero recuerda un secreto: entre más se eleve el árbol, más profundas serán sus raíces; es proporcional. Las raíces tienen que ser tan profundas como alto sea el árbol. La altura y la profundidad tienen que estar absolutamente equilibradas. Con raíces pequeñas, el árbol no puede elevarse mucho; se caería. La antigua idea del amor era abstracta… Un árbol sin raíces en la tierra, ¡sólo elevarse y tocar las estrellas no tiene sentido!

Sí, el amor se tiene que elevar por encima de la tierra, pero no puede crecer sin ayuda de la tierra. Necesita el apoyo de la tierra. El amor se tiene que volver algo más alto que la pasión, pero la pasión tiene que ser su apoyo. No está en contra de la pasión; más alto no significa en contra. Lo más alto contiene a lo más bajo; es mayor que lo inferior, no está en su contra. Lo más alto transforma incluso la calidad de lo inferior; lo embellece. Transforma la pasión. Ése es el significado de la palabra *compasión*: es pasión transformada, es pasión vuelta luz. Entonces es compasión. Pero no está en contra de la pasión.

Las flores en la copa de los árboles son regalos de la tierra, aunque se vean tan diferentes. Su color, su fragancia, su belleza no se encuentra en ninguna parte: si excavas en la tierra no encontrarás los colores, la belleza, la fragancia, pero la tierra los contiene. El árbol simplemente le ayuda a la tierra a revelar sus secretos. Esas flores estaban contenidas en la tierra; esos colores son parte de la tierra, de la química de la tierra. Es el regalo de la tierra para el árbol; la tierra no está en contra del árbol.

Un buda real, una persona que ha despertado realmente, es un puente entre ambos —este mundo y aquél— entre lo material y lo espiritual.

DÍA **354** Es sólo a través de la meditación que uno logra darse cuenta de que le pertenece a Dios, de que uno no está sin raíces en la existencia, de que uno no es huérfano. Sin meditación, uno sigue siendo huérfano. Ésa es la miseria del hombre que nunca ha conocido el sabor de la meditación. Tiene miedo; continuamente está rodeado de todo tipo de ansiedades y miedos. La angustia está ahí porque no puede ver a nadie que lo proteja, no hay seguridad, no hay nadie que lo cuide. Y se ve tan pequeño comparado con el universo. El universo es tan vasto, casi como un océano, y él es sólo una gota de rocío.

Cuando entiendes que el océano no es tu enemigo sino tu hogar, que le perteneces, que eres inseparable y uno con él, surge un gran regocijo y te sientes bendecido. Uno se baña en una nueva especie de luz que se vierte desde el más allá.

La meditación no es más que el arte de abrirse al más allá, de llegar a aceptar la existencia, de sentirse en casa, descansando.

DÍA **355** Usa la mente cuando se necesite; tiene su utilidad. Es una buena máquina, una biocomputadora. Tiene todos los recuerdos, toda la información… Así que, cuando la necesites, úsala. Pero no es necesario permitirle que te cubra 24 horas al día, todos los días, año tras año. Debe dejarse de lado cuando no se esté usando. Se le debe permitir a la consciencia que refleje la realidad, entonces Dios estará en todos lados. Una vez que tu consciencia refleje lo que es, tú *sabrás*: Dios no necesita pruebas. Dios simplemente es y nada más. Cada forma es una manifestación de Dios. Y saberlo es regocijarse, porque eso significa que no hay muerte, no hay miseria, no hay oscuridad. Uno ha llegado a casa.

DÍA **356** Toda la humanidad no es más que una multitud de sonámbulos. Cuando te vuelves consciente, meditativo, tu estilo de vida cambia. Ya no eres parte de la multitud; te vuelves individuo por primera vez. Y luego, por la consciencia, desaparecen muchas cosas. Todo lo que está mal se desvanece y todo lo que está bien te empieza a atraer. Ya no es cuestión de elección; no tienes que elegir entre el mal y el bien, espontáneamente te empiezas a mover hacia el bien. El mal se vuelve imposible, no te puedes tropezar con el mal; estás tan alerta que ya no es posible. Incluso aunque quieras hacer el mal, no puedes, sólo puedes hacer el bien.

De esa consciencia surge una hermosa disciplina que no se impone desde el exterior. Cualquier cosa impuesta desde el exterior es esclavitud; cualquier cosa que brote de tu propio ser, que crezca de tu introspección, es bella, porque es libertad.

DÍA **357** Todas las religiones del mundo, las llamadas religiones, han enseñado una gran contradicción. Dicen: «Renuncia a la vida, está en contra de Dios. A menos de que renuncies, no alcanzarás a Dios. Si renuncias, serás amado por Dios».

La contradicción es muy clara, incluso un niño puede verla. Es tan ridículo: si Dios crea la vida no puede estar en contra de ella. Yo no estoy en contra de la vida, yo estoy a favor de ella. Y mis sannyasins tienen que aprender a no escapar sino a vivir intensamente, a quemar la antorcha de su vida por ambos cabos simultáneamente. Incluso basta con un solo momento de festividad total: habrás probado la eternidad y habrás conocido a Dios. La vida es la manifestación de Dios y la celebración es su única oración.

DÍA **358** La meditación necesita un corazón muy determinado. La mente que titubea es incapaz de entrar en meditación. Necesita una perseverancia que no titubee, porque toma tiempo.

Durante tantas vidas hemos vivido de forma no meditativa y se ha vuelto casi nuestra naturaleza. Esa forma de no-meditación nos rodea como una piedra y tiene que romperse. Y a menos de que rompamos la piedra, nuestra naturaleza interior nunca se manifestará. Así que, si uno medita un día y espera alcanzar algo, y se da cuenta de que no alcanzó nada y deja la idea, entonces nunca será capaz de entrar al mundo de la meditación. Se necesita un compromiso absoluto: «Pase lo que pase, sin importar el resultado, estoy determinado a entrar, estoy preparado para esperar y para arriesgarlo todo». Entre más grandes sean la resolución y la determinación, más fácil se volverá el proceso. Si la determinación es total y la intensidad es absoluta, puede suceder en un solo instante.

Todo depende de tu intensidad: tiene que ser una relación de amor apasionada. Uno no puede sólo jugar con la idea. Se tiene que convertir en tu vida.

DÍA **359** Es sólo a través de la meditación que uno se vuelve rey, amo, amo de sí mismo. Y ésa es la única maestría: no hay otra maestría en el mundo. Si no eres amo de ti mismo, podrás poseer el mundo entero, pero eres esclavo, no eres rey. Alejandro Magno no era rey aunque haya conquistado todo el mundo. Gautama Buda era rey, aunque haya renunciado al mundo; incluso en su renuncia, fue regio. No poseía nada, pero se poseía a sí mismo y ése es el único tesoro verdadero, el único reino verdadero. Todo lo demás es temporal, todo lo demás es sólo un sueño.

Despierta de tus sueños y haz todo lo posible para profundizar en la meditación, en la consciencia, en el atestiguamiento. Vuélvete más y más consciente y te volverás rey. Todo mundo tiene el potencial de volverse rey. Si fallamos, fallamos sólo por nuestro letargo. Nunca hacemos ningún esfuerzo, nunca tratamos de ir hacia adentro. O, si tratamos de vez en cuando, en unos minutos nos cansamos y volvemos a empezar a correr y apresurarnos hacia el mundo exterior. Se necesita un esfuerzo persistente, perseverancia y paciencia. La victoria llegará, pero sólo cuando estés realmente listo. Se está listo a través de un esfuerzo intenso. Haz todo lo posible por ser meditativo, ésa es la llave, la llave maestra.

DÍA **360** Si podemos entender una sola gota de agua, habremos entendido toda el agua que existe. Y cada hombre es una gota de la existencia. Si podemos entender a un hombre… Y la forma más sencilla y más cercana es tu propia existencia. Una vez entendido el misterio, una vez la puerta abierta, sabrás que eres sólo una gota de la misma realidad que invade la existencia entera. Entonces no hay muerte ni miedo ni avaricia ni lujuria. Uno vive en total libertad, dicha y bendición.

DÍA **361** Sé tan dichoso como puedas, sé alegre, sonríe y ríe. No esperes razones para reír, sólo ríe como un loco, sin razón alguna. La risa en sí misma basta, no necesita razón. Es muy saludable, es un buen ejercicio para el cuerpo y la mente.

Así que, cuando estés sentado, suelta una buena carcajada, y entonces otros se empezarán a reír al verte reír sin razón alguna. Entonces te reirás con la gente que se esté riendo, y así seguirá y seguirá y no habrá fin. Sólo detente cuando las lágrimas empiecen a salir de tus ojos. ¡Eso significa alto total!

DÍA **362** Escucha a tu corazón. Aprende más y más al oír tu corazón, y síguelo. La mente no te pertenece, te la dio la sociedad. El corazón te pertenece, te lo dio la propia existencia. Si escuchas a tu corazón, la meditación no será difícil, se puede alcanzar. Entonces ya no hay problema: tendrás claridad, podrás ver las cosas como son. Entonces no habrá cuestión de elegir qué hacer y qué no; inmediatamente sabrás qué hacer. No hay cuestión de alternativas. Simplemente sabes qué es lo correcto. Uno nunca se arrepiente y nunca comete un error.

Todo el mundo podrá pensar que estás cometiendo un error, pero mientras tu corazón esté involucrado, estarás totalmente en lo correcto. Sabes desde el fondo de tu ser que no es un error y no te arrepientes nunca. Sabes que finalmente será bueno. Quizá en este instante sea imposible concebir el resultado final, pero el corazón lo sabe mucho mejor, porque vive en los misterios más profundos de la existencia. Para el corazón no hay pasado ni futuro, sólo hay presente. Cuando se consigue la meditación, cuando has logrado la meditación, tu vida tiene cierta suavidad, gracia, belleza.

DÍA **363** Todo el mundo está dominado por una nube oscura de alienación. Y la razón es que hemos olvidado una verdad muy simple: la existencia nos ama. Así que *somos*: somos sus productos de amor. Su amor es la mera base de nuestra vida. No podemos respirar sin su amor. Nuestros corazones dejarían de latir sin su amor. Su amor es nuestra existencia. Pero como está tan cerca de nosotros, es fácil olvidarlo. No hay distancia entre ambos, así que no podemos verla e ignoramos todo lo que no podemos ver. Lo tenemos que recordar conscientemente, y conforme se profundiza el recuerdo, la alienación desaparece. La nube oscura ya no existe y el mundo está lleno de sol. Es un gozo ser, porque éste es nuestro hogar y no somos accidentales. Somos absolutamente esenciales, somos necesarios. Servimos cierto propósito superior, algo superior a nosotros, más grande que nosotros.

DÍA **364** En esencia, tú eres divino, así que cualquier cosa que te suceda es sólo un momento pasajero. Que no te distraiga. Si es placer, obsérvalo. Si es dolor, obsérvalo. El placer pasa, el dolor pasa. Son sólo como nubes que se mueven en el cielo infinito de tu ser. El cielo no se afecta con las nubes. Podrán ser nubes oscuras, podrán ser hermosas nubes blancas, no importa, el cielo permanece indemne.

DÍA **365** Yo no te doy ninguna filosofía, sólo una sencilla técnica para limpiarte a ti mismo, para purificarte. Cuando seas puro, todo lo demás vendrá. Toda la moral que siempre has intentado y en la que has fracasado empieza a florecer por sí sola. Todas esas bellas cualidades que siempre has ansiado y que parecían imposibles simplemente se vuelven espontáneas. Y cuando esas cualidades son espontáneas, tienen una belleza propia. No son cultivadas ni artificiales, no se plantan desde fuera. Brotan desde tu ser interior. Son como bellas flores que crecen dentro de ti.

El ser humano puede florecer inmensamente. Y siempre es primavera. Sólo tenemos que estar en sintonía, sólo tenemos que entrar en armonía con la primavera e inmediatamente los milagros se vuelven posibles. Y recuerda, tienes derecho a todos esos milagros, todo mundo tiene derecho a todos esos milagros. •

Sobre el autor

Osho desafía las clasificaciones. Sus miles de charlas cubren todo, desde la búsqueda individual del significado hasta los problemas sociales y políticos más urgentes que enfrenta la sociedad en la actualidad. Los libros de Osho no han sido escritos, sino transcritos de las grabaciones de audio y video de sus charlas extemporáneas ante audiencias internacionales. Tal como él lo expone: «Recuerden: lo que estoy diciendo no sólo es para ustedes… estoy hablando también para las futuras generaciones». Osho ha sido descrito por el *Sunday Times* en Londres como uno de los «1000 creadores del siglo XX» y por el autor estadounidense Tom Robbins como «el hombre más peligroso desde Jesucristo». El *Sunday Mid-Day* (India) ha seleccionado a Osho como una de las diez personas —junto con Gandhi, Nehru y Buda— que han cambiado el destino de India. Con respecto a su propia obra, Osho ha declarado que está ayudando a crear las condiciones para el nacimiento de una nueva clase de seres humanos. Él con frecuencia caracteriza a este nuevo ser humano como «Zorba el Buda», capaz tanto de disfrutar los placeres terrenales de un Zorba el griego, como la serenidad silenciosa de un Gautama el Buda. Un tema principal a través de todos los aspectos de las charlas y meditaciones de Osho es una visión que abarca tanto la sabiduría eterna de todas las eras pasadas como el potencial más alto de la ciencia y la tecnología de hoy en día (y del mañana). Osho es conocido por su contribución revolucionaria a la ciencia de la transformación interna, con un enfoque en la meditación que reconoce el paso acelerado de la vida contemporánea. Sus Meditaciones Activas OSHO® están diseñadas para liberar primero las tensiones acumuladas del cuerpo y la mente, de tal manera que después sea más fácil emprender una experiencia de quietud y relajación libre de pensamientos en la vida diaria.

Una de sus obras autobiográficas disponible en español es:

Autobiografía de un místico espiritualmente incorrecto
Barcelona: Kairos, 2001

OSHO International meditation Resort

UBICACIÓN: ubicado a 100 millas al sureste de Mumbai en la moderna y floreciente ciudad de Pune, India, el Resort de Meditación de OSHO Internacional es un destino vacacional que hace la diferencia. El Resort de Meditación se extiende sobre 40 acres de jardines espectaculares en una magnífica área residencial bordeada de árboles.

ORIGINALIDAD: cada año, el Resort de Meditación da la bienvenida a miles de personas provenientes de más de 100 países. Este campus único ofrece la oportunidad de una experiencia personal directa de una nueva forma de vida: con mayor sensibilización, relajación, celebración y creatividad. Está disponible una gran variedad de opciones de programas durante todo el día y durante todo el año. ¡No hacer nada y simplemente relajarse en una de ellas!

Todos los programas se basan en la visión de OSHO de «Zorba el Buda», una clase de ser humano cualitativamente diferente que es capaz *tanto* de participar de manera creativa en la vida diaria *como* de relajarse en el silencio y la meditación.

MEDITACIONES: un programa diario completo de meditaciones para cada tipo de persona, incluye métodos que son activos y pasivos, tradicionales y revolucionarios, y en particular, las Meditaciones Activas OSHO®. Las meditaciones se llevan a cabo en lo que debe ser la sala de meditación más grande del mundo: el Auditorio OSHO.

MULTIVERSIDAD: las sesiones individuales, cursos y talleres cubren todo: desde las artes creativas hasta la salud holística, transformación personal, relaciones y transición de la vida, el trabajo como meditación, ciencias esotéricas, y el enfoque «Zen» ante los deportes y la recreación. El secreto del éxito de la Multiversidad reside en el hecho de que todos sus programas se combinan con la meditación, la confirmación de una interpretación de que como seres humanos somos mucho más que la suma de nuestras partes.

COCINA: una variedad de diferentes áreas para comer sirven deliciosa comida vegetariana occidental, asiática e hindú, la mayoría cultivada en forma orgánica especialmente para el Resort de Meditación. Los panes y pasteles también se hornean en la panadería propia del centro.

VIDA NOCTURNA: se pueden elegir diversos eventos en la noche entre los cuales bailar ¡es el número uno de la lista! Otras actividades incluyen meditaciones con luna llena bajo las estrellas, espectáculos de variedades, interpretaciones musicales y meditaciones para la vida diaria.

O simplemente puede disfrutar conociendo gente en el Café Plaza, o caminar bajo la serenidad de la noche por los jardines de este escenario de cuento de hadas.

INSTALACIONES: usted puede adquirir todas sus necesidades básicas y artículos de tocador en la Galería. La Galería Multimedia vende una amplia gama de productos multimedia OSHO. También hay un banco, una agencia de viajes y un Cibercafé en el campus. Para aquellos que disfrutan las compras, Pune ofrece todas las opciones, que van desde los productos hindúes étnicos y tradicionales hasta todas las tiendas de marcas mundiales.

ALOJAMIENTO: puede elegir hospedarse en las elegantes habitaciones de la Casa de Huéspedes de Osho, o para permanencias más largas, puede optar por uno de los paquetes del programa Living-in. Además, existe una abundante variedad de hoteles y apartamentos con servicios incluidos en los alrededores.

www.osho.com/meditationresort

Para mayor información

www.**OSHO**.com

Página web en varios idiomas que incluye una revista, los libros de OSHO, las charlas OSHO en formatos de audio y video, el archivo de textos de la Biblioteca OSHO en inglés e hindi, y una amplia información sobre las Meditaciones OSHO. También encontrarás el plan del Programa de Multiversidad OSHO e información sobre el OSHO International Meditation Resort.

Páginas web:

www.OSHO.com/es/AllAboutOSHO
www.OSHOtimes.com
www.Facebook.com/OSHO.international
www.YouTube.com/OSHOinternational
www.Twitter.com/OSHO
www.Instagram.com/OSHOinternational

Para contactar a OSHO International Foundation:

www.osho.com/oshointernational,
oshointernational@oshointernational.com

Acerca del código QR

Este código QR te enlazará con el canal de YouTube de Osho Internacional, facilitándote por defecto el acceso a una amplia selección de Osho Talks, las charlas originales de Osho, subtituladas al español, seleccionadas para proporcionar al lector un aroma de la obra de este místico contemporáneo. Para poder disfrutar de los subtítulos en español asegúrate de seleccionar español en el menú del visor de Youtube.

Osho no escribía libros; sólo hablaba en público, creando una atmósfera de meditación y transformación que permitía que los asistentes vivieran la experiencia meditativa.

Aunque las charlas de Osho son informativas y entretenidas, éste no es su propósito fundamental. Lo que Osho busca es brindar a sus oyentes una oportunidad de meditar y de experimentar el estado relajado de alerta que constituye la esencia de la meditación.

El arte de escuchar está basado en el silencio de la mente, para que la mente no intervenga, permite simplemente lo que te está llegando.

Yo no digo que tengas que estar de acuerdo conmigo. Escuchar no significa que tengas que estar de acuerdo conmigo, ni tampoco significa que tengas que estar en desacuerdo.

El arte de escuchar es sólo puro escuchar, factual, sin distorsión.

Y una vez que has escuchado entonces llega un momento en el que puedes estar de acuerdo o no, pero lo primero es escuchar.

Si no dispones de un Smartphone también puedes visitar este enlace:

https://bit.ly/OSHOTalks_SpanishList

Esta obra se terminó de imprimir
en el mes de enero de 2026,
en los talleres de Impresora Tauro, S.A. de C.V.
Ciudad de México.